大事な場面で
実力を発揮できない君へ

折れない心をつくる

最強メンタルトレーニング

メンタルトレーナー
高畑好秀

コスミック出版

はじめに

10代から20代にかけては、目の前のことに無我夢中になれる時期でもあります。

今の若い世代の皆さんは、とても真面目に目の前のことに取り組んでいるように映ります。それはとても素晴らしいことですし、自分の実力をつけていくという意味で、とても大切な要素になります。

しかし、そんな若い世代の皆さんからよく受ける言葉は、「すごく頑張ってはいるんですけど、大事な場面やここ一番という場面で、身につけてきた実力を発揮しきれていないように感じるんです」というような内容です。

スポーツでは、いくら練習して練習試合で調子がよくても、大事な大会本番で実力を発揮できなければ負けてしまいます。勉強も同じで、いくら模擬試験でよい点数を取っても、入試の本番で実力を発揮できなければ不合格になってしまいます。

実力が足りていないのであれば、そこを認めて次に向けて練習や勉強を積んでいくしかありません。

ところが、実力があるにもかかわらず力を出し切れずに終わってしまうのは、とても残念なことです。自分自身の中でも認めようにも認めることができず、なかなか次に向けて頑張っていこうという気持ちになれないと思います。

そんな一発勝負の多い10代から20代の皆さんに向けて、本番でいかに実力を発揮していけばいいのかということをお伝えしたい思いで、本書を書くことになりました。

今の時代、皆さんもメンタルトレーニングという言葉は耳にしたことはあると思います。

ここでまず説明しておきたいのは、トレーニングということの意味です。

恐らくトレーニングと聞くと、ハードで苛酷という印象を受けるのではないかと思います。しかし、トレーニングというのはクセ作りです。

クセというのは、何かを繰り返していくことでそれが無意識に出てしまうことです。人間は心技体のすべてにおいて、日常の中で繰り返していることが、自然にクセづけられていくのです。

なぜ、野球で素振りを繰り返すのか。それは、何度も振ることでフォームというクセづけをしているのです。その素振りが正しければ正しいクセがつき、間違っていれば間違ったクセがついてしまいます。そして、実際に試合で打つ時に無意識のうちにそのクセづいたスイングが出るのです。

それはメンタル（心）にも言えます。

日常の物事の見方や捉え方、考え方のクセが大事な場面で無意識のうちに出てしまうのです。本番で力を発揮できる人は、発揮できる思考クセがあるのです。

もし、力を発揮できていないのであれば、ここから新たに力を発揮できる思考のクセをつけてもらいたいのです。そのためには、日頃からの思考の素振りをしていくことが大切です。

簡単に言えば、マイナス思考のクセがついているから、大切な場面でも無意識にマイナス思考になってしまうのです。実力を発揮できずに終わっているのなら、プラス思考のクセをつけるため、意識してプラス思考の素振りをできる限り繰り返していきましょう。

逆の見方をすれば、メンタルトレーニングを自分の中で取り入れていくことで、学生生活や日常の様々な場面でも、今まで自分が感じていたのとは違う印象を感じられるようになることでしょう。

本書ではスポーツのシーンを中心に書き進めていきますが、「何を」「いかに考えるか」によって、得られる結果も変わっていきます。その「何を」が本書ではスポーツであるだけで、皆さんの日常の人間関係、勉強、学校行事などをその何かに置き換えていけば、メンタルトレーニングの応用はあらゆる面で可能になっていきます。

人生はいくらでもやり直しがきくと言われますが、学生時代だけは人生の中で一度きりのやり直しがきかない時間でもあります。

だからこそ、皆さんが全力で取り組んで身につけた実力を思う存分に発揮してもらいたいと思うのです。

皆さんが本書によって少しでも本番に強い自分になっていくのを心より願っています。

折れない心をつくる

最強メンタルトレーニング

目次

第1章 プレッシャーの克服
頭の中に作られた思い込みを外させるための頭のクリーニング

第2章　緊張との上手なつきあい方

第3章 正しい自信の身につけ方

第4章 モチベーションを高く維持する方法

第5章 実力を発揮できる思考方法 プラス思考になるための習慣をつける

本文デザイン／葛西　剛
装丁／尾形　忍　Sparrow Design

第1章

プレッシャーの克服

頭の中に作られた思い込みを外させるための頭のクリーニング

1 自分はなぜその競技をやっているのか？他にもっと勝てることや上手いことがあれば、別の競技でもいいのか？

先だってプロ野球のセリーグの投手とのメンタルトレーニングの際にポッリと呟いた一言がありました。「もし自分が、ゴルフが巧かったらプロゴルファーになればよかったと思うんですよ」と。

仕事柄、「なぜ」と質問をしたところ、「自分はたまたま野球を始めて、その時々で巧いほうだったから、結果、プロ野球にはなりましたけど……。プロ野球選手は選手寿命が短いじゃないですか。プロゴルファーなら高齢になっても稼げるからいいかなと思ったんです」との返答でした。

どこまで本気なのかは別にして、以前にも違うアスリートで似たような言葉を耳にしました。そのアスリートは水泳の日本代表選手でしたが、実力的にオリンピックでメダルと取るまでではありませんでした。その選手が、「もし自分が今の段階で、オリンピックの陸上競技で金メダルを取れる実力があるなら、迷いなく水泳ではなく陸上競技に転向します」と口にしました。

人から結果を求められる、あるいは自分で結果を求める余り、結果ばかりに意識が向いてしまい、自分がやっている競技が好きなのかどうかもわからなくなり、気づけば結果の出せるものなら何でもいいというメンタルの状態に追い込まれてしまっている選手も多いのではないでしょうか。

そうなってしまうと、その競技の楽しさを言葉で伝えてみてとたずねても、ありきたりの答えしか返ってこなくなったりします。本来ならプロ野球や日本代表選手クラスになれば、さぞかし凄く魅力的な答えが返ってきそうですが、「今になってみると何が楽しいんですかね？」と考え込んでしまう始末です。

「好きこそモノの上手なれ」という言葉がありますが、好きになる前には心で楽しいと感じているはずです。楽しいから好きになり、好きだからこそもっと知りたい、もっと上達したいという気持ちが湧いてくるものです。

以前、シドニー・オリンピックで金メダルを取られた女子マラソンの高橋尚子さんと対談をした際に「最後は小出監督のもとで金メダルを獲得できましたけど、小さな頃から陸上を始めて一回も走るのが嫌いになったことがないんです。みんなどこかで嫌いになって一人二人と去っていく中で、自分は楽しいし好きだから走り続けてきたんです」と話されました。

ある意味で、好きなことを楽しみ、無我夢中で探求した先の金メダルとも言えるのではないでしょうか。

さて、皆さんはどうでしょうか？

皆さんは今、何かの競技に取り組まれていると思います。その競技の楽しさを溢れんばかりの言葉で人に伝えることはできますか？

この楽しさという原点を心のどこかに忘れていたり、置き去りにしてしまってはいませんか？

たまたまその競技で一番になって、周りから「凄いね！」と言われ称賛されて好きだと勘違いしているケースも多いのではないかと思います。それは人から称賛されることが好きだということであって、称賛されるものなら何でもいいということにもなるのです。

ここはとても重要な点になります。楽しいことなら、その競技を楽しんでいられることで幸せを感じられます。

しかし、称賛されることが好きなら、常に人から称賛されなければ幸せを感じられないのです。幸せを感じられないどころか、称賛を受けることができなかったらどうしようという大きなプレッシャーを作り出してしまうことにもなるのです。

称賛を受けるために勝たなければならない、負けたら誰からも称賛してもらえないという不安が心に影をもたらしてしまいます。そうなってしまうと冒頭の選手達のような心境と言葉になってしまうことでしょう。

ここで今一度、皆さんも自分の心にシンプルに問いかけてみてください。

今、自分の取り組んでいる競技で結果を残せなくても、そのことに打ち込めている時間を楽しいと感じられるのか？

結果を残せなかったら、楽しかったと思えず、後悔が残ってしまうのか？

後者であればきっとプレッシャーは大きなものとなってのし掛かってくることでしょう。

では、後者の皆さんは自分がその競技を小さな頃に始めた時のことを思い出してみてください。その頃は称賛を求めてやっていましたか？　恐らく違うはずです。始めた当初は誰でも初心者で決して巧くもないし、称賛をされもしません。でも、楽しかったのではないでしょうか。そんな楽しかったことが、いつどのようなタイミングかはわかりませんが、称賛を受けるためのものに無意識のうちに変換されてしまったということなのです。そんな自分をまずは思い出して、しっかりと自覚することが大切です。

冒頭のプロ野球の投手には次のような話をしたのを覚えています。

「いつしか、余計なものを背負い過ぎていないだろうか？　好きな真っ直ぐな想いを見失ってないだろうか？　初めてボールに触れた時に周りの目なんて気にしていただろうか？ミスするのが怖かっただろうか？　できないことより、できるようになったことが楽しくて仕方なかったのではないか？　大きくなればなるほど、技術は巧くはなっただろうが、心はつまらない選手になってはいないだろうか？

真っ直ぐな目で純粋にボールを追いかけていたあの頃。一つでも上達することが楽しくて仕方なかったあの頃。大好きで大好きで、早くボールを持って練習に行きたかったあの頃。いつまでもそんな自分の原点を忘れたくないよね」と。

するとその投手も野球を始めた当初のことを思い出して、最初は純粋に楽しかったし好きだったと振り返ってくれました。

そして、「いつの間にか野球が上達していく中で周りから凄いねと称賛を受けるようになった辺りから、自分の心が変わっていった気がします。いつしか好きな野球が称賛を受けるためのものになって、プロになってからはお金を稼ぐためのものになっていきました……」と。

これこそが目的の無意識の変換です。楽しさが目的だったものが、自分を周囲に認めさせることが目的に変わり、さらには周囲から称賛を受ける目的に変わり、最後はお金を稼ぐための目的に変わっていたのです。そして、その目的に比例するかのように自分が自分自身にどんどんプレッシャーを与えていっていたのです。そのプレッシャーから目をそらせるために他の競技に心を逃避させるのです。

そのようにして自分が自分自身を誤魔化していても、プレッシャーに打ち克っていくことはできません。まずはしっかりとそのことを自覚し、無意識のうちに目的が変換されてしまっていたのを、今度は意識的に目的を楽しかった原点に戻していくことが大切になるのです。

そこで彼にさらに次のような話をしました。

「好きなことをやれているのは本当に幸せな時間だ。どれだけお金を稼ごうが、お金で好きなことに打ち込める時間が必ず買えるなんていうことはない。よくよく考えてみれば、人生は時間の集積。そんな中でそんなに本気になって好きなことに情熱を注げる今を過ごせていることほど幸せなことはない。

周りが何と評価しようが、お金が稼げていようがいなかろうが、求める目標にまだ達成できていなかろうが、まだまだ実力が足りなかろうが……、不平不満を探し始めればキリがない。

でも、そんなすべてを引っくり返すくらいに今、自分が好きなことに夢中になれている時間は、本当に幸せなんだという想いを決して忘れてはいけない。それは自分が一番輝いている時間なんだから」と。

その言葉をその投手には何度も自分が自分自身に言い聞かせてほしいと伝えました。

そのようにして自分が頭の中で考え、自分自身に言い聞かせていくことで意識的に目的を原点にしっかりと据えておくことができるのです。放置しておくと、また無意識のうちに目的が今の自分が置かれている現状に向かっていってしまうのです。

プレッシャーに打ち克つためには、まずは自分の心の中にその競技を始めた当初の原点を常に意識して持つようにすることが大切になります。

2（日常）
結果ではなく過程に意識を向けているか？義務と責任は違うことを理解する

高校の部活動でメンタル講習会をする機会があります。よく選手達から耳にするのは、「僕はあの時のプレーを成功させなければならなかったのにミスしてしまいました。自分の責任を果たせませんでした」といった言葉です。

皆さんは、この言葉を恐らく何の違和感もなく感じるかもしれません。そこでメンタルトレーナーとして、その選手に次のようにたずねます。

「では、君はそのプレーをいい加減な気持ちでプレーしたの？」と。

するとその選手は、「そんなことないです！　自分は全力でプレーしようとしました」と答えます。

そこで、その選手には「その気持ちを持ってプレーをしている段階で、君は充分に責任を果たしているよ」と伝えます。

実は冒頭の言葉「成功させなければならない」という「〜〜しなければならない」は義務です。そのことと責任感とは別物です。責任感というのは与えられた自分の役割を全力で最後までやることです。つまり責任を果たしたからといって、必ずしもすべて「〜〜しなければならない」の「〜〜」という結果に結びつくとは限らないということです。

責任感＝義務ではありません。そこを混同してしまって、責任感が強い選手がその義務を勝手に背負い込んでどんどんプレッシャーを大きくしてしまっていることがあるのです。

J1のチームに所属する選手のメンタルトレーニングの時に「今季は自分が責任をもってチームの結果にこだわります」と口にしました。

そこで、「では、昨年は責任を持たずに結果にもこだわらなかったの？」と質問すると、「……いや、……同じように思ってやってはいました」と答えてくれました。

このように自分が無意識のうちに口にした言葉によって、その言葉に縛られてしまってプレッシャーを背負い込んでいるようなケースもあります。

選手というのは、そもそもグランドに立つということは、その与えられた役割を全力で最後までやり抜く姿勢こそが責任を果たすことなのです。義務というのは納税の義務というように使われるように絶対にしなければならないことなのです。責任を果たす＝勝利でも、責任を果たす＝ミスをしない、ということでもないのです。

似たような響きを持つ言葉なのでついつい混同してしまいがちですが、ここを切り分けて考えることができると心の中は随分と楽になるのではないでしょうか。

結果はどうなるかはわからないが、自分はグランドに立つ限りは最後の瞬間まで自分がやらなくてはならないことを、投げやりにならないで責任を持ってプレーをすればいいだけのことなのですから。

求める結果が出なかったから、責任感が足りないわけでも何でもないのです。多くの選手はこの時に自分は責任感が足りないのだと自分を責めて、自分自身をどんどん追い込んでいってしまうのです。

メジャーリーグ、そして現在は楽天でプレーする田中将大投手と話した際に次のような言葉を口にしていました。

「僕はマウンドに立つ以上は責任を持って立っています。しかし、責任を持っても結果まではコントロールできません。例え自分が0で抑えても打線が0では勝てませんから。だからこそ、コントロールできることを全力でやるだけなんです」と。

例えば本番に向けての準備も含めてやることはしっかりやっていくのが責任なのです。ここは自分の意志一つでいくらでもコントロールできる部分だからです。様々な要因が関与してコントロールできない結果を自分の中で勝手に義務化してしまっては苦しくなる一方です。

まさしく「人事（責任）を尽くして天命を待つ」という言葉通りなのです。「人事（責任）を尽くして義務を果たす」ではないということです。逆に自分が自分自身に課した義務に縛られてプレッシャーを大きくして苦しんで、それによって今自分がやることを十分にやれないことのほうが責任を果たしていないとも言えるのです。

ここで皆さんにお伝えしたいのは、自分の頭の中にどのような義務を勝手に作り出しているのかを洗い出してもらいたいということです。それを書き出してみてください。

書き出したものに対してその義務は果たして自分が絶対にコントロールできることなの

かどうかを精査してみましょう。もし、それがコントロールできないことだと気づいたなら、その義務を頭の中から捨てるようにしていくことです。

そして、責任を果たしたいと考えるなら、今から本番に向けて自分が何をしていけるのかをしっかりと考えていくことです。何をしていけるのかというのは、自分がコントロールできることなのですから。

メンタルトレーニングをする選手達によく話す言葉があります。

「未来は何が起こるかわからない。だからこそ、人生もスポーツも面白い。すべてがわかっていたら、安心はあっても面白くはないだろう……。わからないことを不安に感じ始めると、考えてもわからない近未来のことで頭が一杯になる。

大切なのはわからない未来を面白がり、与えられた今をいかに全力で生きられるか。人生もスポーツも最初からすべての筋書、結果が決められていて、それを自分が知っていたらどうだろうか……。不安はないかもしれないが、そこには何の楽しみも面白さもないのではないだろうか。

わからないから面白い。だから、人はわからないことに立ち向かっていけるし、生きている今を未来に結びつけるために全力で生きていけるのではないだろうか」

という言葉です。

未来は「〜〜でなければならない」という義務でないのです。未来は誰にもわかりません。わからないからこそ実は楽しいことなのです。わからないからこそ、何とか希望する結果を出すために今何を積み重ねていけばいいのかを真剣に考えていくことこそ、責任を果たしていくということなのです。

サッカー界のキング・カズこと三浦知良選手と話した時に、三浦選手は、「周りは自分が何歳まで現役でプレーできるかを期待してくれている。それに応えなければと考えすぎてしまうと、サッカーを楽しめなくなる。楽しめなくなっていくと結果として、現役の時間は短くなっていってしまう。好きなサッカーを全力で楽しんでいけるところまでいくだけです」と話してくれました。

好きなサッカーを全力で楽しんで取り組むこと、そして全力で楽しむための準備をしっかりと行い続けていくことこそが、三浦選手にとっての責任なのではないかと思うのです。何歳までやらなければならないという義務感は三浦選手にはありません。

ご紹介した田中将大選手といい、三浦知良選手といい、一流選手である彼らに共通しているのは、責任と義務とを上手に切り離して考えるということができているという点にあるのではないでしょうか。

上手に心の重石（プレッシャー）になるものを考え方の中で取り除いているのです。「〜

〜でなければならない」という自分の姿をイメージするのと、「〜〜でありたいな」という自分の姿をイメージするのとでは似て非なるものです。

前者はそのイメージによって自分自身が苦しめられます。しかし、後者はそのイメージにワクワク感を感じてそのイメージに近づきたくなります。近づいていくために自分のやることをしっかりやっていこうという責任も生まれていきます。

このことをしっかりと頭の中で理解して、プレッシャーを取り除いていってもらいたいと思うのです。

3 (準備期間)
試合や試験の真の意味をしっかりと理解しているか?
試合とは、お互いがやってきたことを試し合う場所

「試合」という字はどのように書きますか?

そう、試し合うと書きます。どこにも勝つ、負けるという「勝負」という文字は入っていません。

つまり試合というのは、何月何日にある場所でお互いが日頃から試してきたことを試し合うということになります。

それをなぜ、試合をする前から勝敗ばかりを気にしてプレッシャーを感じているのでしょうか。試合とはあくまでもお互いが試し合った結果として、どちらかが勝ってどちらかが負けるだけのことです。

以前、サッカーの日本代表の選手達の前で「そんなに勝つことばかりに意識が向いてしまうなら、絶対に勝つことをしたらいいと思う」という話をしたことがあります。

日本代表は日本の中で背の高い順に選んで、ゴールの前に11人並べてゴールを封鎖しておこうよと話しました。一瞬笑いが起こり和やかな雰囲気になりましたが、「仮にそれで無失点でＰＫ戦だけみんなが出て勝ったとして楽しい？」と聞くとみんな首を横に振ります。

「そう！　みんなは日頃から自分達が試してきたことが試合でどれだけ通用するかを試してみるからこそ、サッカーをやっていて楽しいんだよね？」と伝えました。

皆さんはどうでしょうか？　楽しいと思いますか？　勝つことがプレッシャーに感じるなら、勝つためにできることを最大限に考えればいいのです。それが楽しいかどうかは別問題ですが。

皆さんが競技をしているのは、そのように考えてみると勝敗以上に自分を試したい気持ちがあったり、自分の実力を発揮してどれだけ通用するのかを試すことが楽しいからなのだと思います。

しかし、ついつい日頃の練習の中でも指導者から言われたことをこなすだけで、自分が練習で様々なことを試していなければどうでしょうか。そうすると試し合う楽しさよりも、苦しい練習をしてきた見返りとしての勝利にしか意識が向かなくなってしまうことでしょう。

本当に試し合いを楽しむためには、日常の練習の時から、ただ与えられたものを消化するという受け身の姿勢ではなく、自分でいろいろ考えてあれこれと試していく積極的な練習姿勢が大切になってくるのです。そうでなければ、試合で試してみたいことも出てはきません。

ある強豪高校の野球部員が、「自分はバスターの方法を試行錯誤して研究しました。すると、それまでの試合前にはプレッシャーを感じていたのに、その試合はそのバスターを試してみたくてワクワクしました。試合には負けましたけれど、自分のバスターが成功したので悔しい顔はしていましたが、内心はよっしゃー!!　という気持ちでした」と話してくれました。

彼の言葉を聞いて、しっかりと伝わっているなと感じたのを覚えています。練習でいろいろ試していくためには頭を使わなくてはいけません。

よく選手達に話すことがあります。

「アスリートは研究者であってほしい。研究者はいついかなる時も、頭の中で考え続けている。アスリートも日常生活を通しても考え続けてほしいと思う。勉強ではないし、嫌いなことを考えるわけでもなく、自分が大好きな競技のことを、その競技力を高めていくことを考えるのだから、決して嫌な時間ではないはずだ。

練習前には、こうすればもっと上手くなるんじゃなかろうか？　という仮説を立て、練習の場でその仮説を実験して、出た結果を検証する。なぜ、こんな結果になったのか？　では、次はこのようにやってみてはどうか？　と課題を見つけ、その課題に対しての仮説を立てる。こんな繰り返しを楽しめる研究者のようなアスリートでいてほしい」

このような姿勢で日頃から練習に取り組んでいれば、試合はプレッシャーがかかるものではなく、練習してきたことを早く実戦で試してみたいというワクワク感のほうが大きくなるのではないかと思うのです。

4
（準備期間）
感謝することと期待に応えることとを同じに考えていないか？ 応援は相手が勝手にするもので感謝はしても別に期待に応える必要はない

試合が近づくにつれて多くの選手を苦しめるのが、自分を応援してくれた方々や支えてくれた方々の期待に応えなければならないというプレッシャーではないでしょうか。

陸上のオリンピック日本代表の選手のメンタルトレーニングをした時に、その選手が、「自分は母一人に育てられました。陸上を続ける上で母にも金銭的にもたくさん負担をかけてきましたから、何とか母の期待に応えなければいけないと思っています」とポツリと口にしました。

そこで私が、「お母さんは本当に君にそんなに期待の言葉を口にしているの？」と聞いてみると、「言葉にはしないんですけど、自分が感謝しているから恩返しをしたいと思っているんです」と答えました。

それに対して「きっとお母さんは君が好きな陸上に元気に打ち込んでいる姿を目にできているだけで幸せを感じられていると思うよ」と伝えました。すると突然に涙を浮かべたのです。それくらい期待に応えようと苦しんでいたのだなと感じたものです。

この陸上選手に限らず、この感謝と期待に応えるということを結びつけて考えている選手が多いように感じます。もちろん、人間として人から何かしてもらったことに対して感謝の念が湧き上がることは何よりも大切です。

しかし、それと期待に応えるというのは別問題です。今の自分が誰のために競技をしているのかという根本を忘れてはいけません。

それは自分がやりたいと考えて選択したことです。つまり、自分が自分自身のためにやっているのです。親や周りの人達の期待に応えるためにやっているのではないのです。

あるパリーグのプロ野球選手の言葉です。

「もちろん、自分達はファンの方々がお金を出して応援に来ていただいているから、プロ野球選手として成り立っています。だから、感謝はしています。でも、ファンというのは身勝手な者だということも理解しています。打てなければボロクソのヤジを飛ばされ、でも次の日に打てば絶賛されます。だからファンの期待は背負わないようにしています」

極論になりますが、あえて皆さんが割り切りやすいように説明するなら、応援したい人はある意味で勝手に応援しているだけなのです。応援してもらっていることに感謝はしても、何も期待に応えなければと背負い込む必要はないということです。自分が自分自身のためにその時間を全力で過ごせばいいのです。

さらに言えば、本当に応援してくれている人というのは、自分が応援することで皆さんにプレッシャーがかかって苦しみながらプレーしているのを見たくはないはずです。それを理解しておくことが大切なのです。選手達によく話す言葉があります。

「スポーツは誰のためにやるのか？　誰かのためではなく、他でもない自分自身のため。自分自身のために全力を尽くす姿が誰かを勇気づけたり、結果として応援してくれている人の力になる。

好きだからやっている。巧くなりたいからやっている。それを通して成長していく自分を味わいたいからやっている。そんなものではないかと思う。そんな純粋な想いで真摯に向き合い本気の汗を流す姿が他人の心を深く打つということなのではないかと思う」

余計なものを背負わずに伸び伸びとプレーする姿こそが、応援してくれている方々への感謝の表し方なのではないかと思います。

このように自分の頭の中で無意識のうちに結びついた思考の連鎖が、プレッシャーを生み出してしまっていることもあるのです。そこを理解し、二つのことを切り離して考えておくことでプレッシャーを感じにくくなります。

皆さんもプレッシャーがかかることを応援してくれる誰かのせいにするのは本意ではな

いでしょう。応援する側も自分の応援が皆さんのプレッシャーになることは本意ではないのです。

5 （本番）
相手と戦っていないか？ 人と勝負するのではなく、自分がやるべきことをやる

もし、皆さんが強豪チームと対戦するとしたら、相手に対して相当のプレッシャーを感じてしまうのではないでしょうか。「相手はかなり強そうだ」「ヤバイ、勝てそうにない」などの不安からプレッシャーが生まれます。試合前の練習などを見て、いよいよプレッシャーは大きくなっていくのです。

そうして、そのプレッシャーに押し潰されて自分の思うようなプレーができなかったり、自分の実力を発揮できなかったりした経験もあるのではないでしょうか。

ここで大切になるのは、相手と戦おうとしないことです。「試合なのに相手と戦わないとはどういうこと？」と思われる方もいると思います。

よく考えてみてください。スポーツは確かに相手と対戦はしていますが、ワンプレー、ワンプレーを考えてみると、自分のできる精一杯のプレーをしているに過ぎないのです。相手が違えば戦略などは変わるかもしれませんが、自分のプレーを一つ一つ積み重ねていくだけのことなのです。相手が強かろうが弱かろうが、今の自分の実力を出し切ってプレーするしかありません。

まずは、ここをしっかりと理解しておくことが大切です。以前、指導するパリーグのプロ野球の投手に帽子のひさしに何かを書いてくれと頼まれました。「バッターは関係ない。一球一球自分が納得いくボールを積み重ねていく」という言葉を私は書きました。

たとえ相手がホームラン王であったとしても、投手は捕手と交わしたサインの球種を構えたミットを目がけて自分のボールを投げ込むことしかできないのです。どれだけ相手を抑えてやろうと思っても、手から離れたボールはどうにもなりません。相手も打つつもりでバットを振るわけですから、「打つな!」といくら思っても打たれる時は打たれます。

これに関連して面白いエピソードがあります。セリーグのプロ野球チームに所属するバッティング投手と話した時、「現役の時には打たせたくないと思って投げても打たれました。今は打たせようと打ちやすいボールを投げても味方の打者は結構打ち損じるんですよ」と言うのです。

このことからもわかるように、自分ができることは何なのかをしっかりと自覚しておくことが必要です。そうすれば、必要以上に対戦相手を意識しなくてもよくなります。すると、相手から受けるプレッシャーからも自分を解放しやすくなることでしょう。

そのプレッシャーから解放されると心の中に少し余裕が生まれてきます。ここに関しては選手達に次のような話をします。

「ちょっとした余裕を持とう。誰もがプレッシャーに負けないように必死になってプレーする。しかし……、必死には余裕を感じない。必死には苦しさや辛さがつきまとう。追い詰められた緊張感や何とかしなくてはという気持ちの空回りや固さも生まれる。

当然、視野も発想も狭くなってしまう。そこには余裕というものが何もなくなってしまう。そういう時はミスプレーが生まれやすい。手を抜けという話ではない。気持ちの余裕だけは持ちながら、プレーには全力を注いでいく。少しだけプレーに取り組む意識を変えるだけでも、プレーは全然変わっていくものだ」と。

広島カープ時代の前田健太投手と話した時に「相手を必要以上に意識している時というのは、自分のテンポで投球ができていません。でも、自分のボールを投げるだけと割り切れている時は、相手が誰であってもヒットを打たれたとしても淡々と自分のテンポで投球ができているんですよね」と言っていました。

このことからもわかるように、前田投手くらいの選手であっても意識の持ち方一つでプレッシャーも感じることもあれば、感じないこともあるということです。

自分の意識を対戦相手に置くのか、自分のプレーをすることにのみ置くのかで、プレッシャーも大きく違ってくるのです。試合においては、常に自分の意識がどちらに向いているのかを冷静に客観視していくことも大切になっていきます。

6 （本番）本番に向けて自分の中にある大前提は本当に正しいのか？ ミスはしないものという大前提から、ミスはするものという大前提に考え方を変える

試合中にミスしてしまう怖さから、プレッシャーを感じる選手も多いものです。

元川崎フロンターレの中村憲剛さんは、「チームの中でも若い選手はミスを恐れる傾向があり、ミスしないように慎重になり過ぎるあまり、余計にミスをしてしまうことが多いんです。若い選手は、ミスはダメなものなんだと考えていますよね」と言っていました。

そもそもサッカーはミスするスポーツです。チャンスにはシュートを狙います。しかし、

ゴールを外すことを恐れていては、シュートを打つことすらできなくなります。それではゴールすら決められません。

これは野球の打率にも言えることですが、バットを振れば空振りするかもしれないし、内野ゴロになるかもしれません。しかし、バットを振らない限りはヒットにもなりません。打率を3割とするなら、7割はミスしていることになります。

このことから逆説的に見れば、ミスありきの上に成功が成り立っているとも言えるのです。ミスをすることにプレッシャーを感じる選手は、基本的に「自分はミスはしないもの。自分はミスは許されない」という前提に自分の思考がなってしまっているのです。それではミスは怖くなりますよね。その反対の「自分はミスはするもの。ミスは仕方ない」という前提の思考に変えていくことが大切になります。

巨人〜横浜ベイスターズと活躍され2000本安打を達成された駒田徳広さんが、「あんな小さなボールがあのスピードで来て、あんな細いバットで打つんだよ。しかも丸いボールと丸いバットの接点は本当に一点だよ。ちょっとズレただけでボテボテのゴロにもなるし、ポップフライにもなる。プロ野球選手と言ったって人間だよ。ミスするのは当たり前だよ」と話されていました。

この前提はとても大切なものです。この前提は幻想的な観測ではなく、現実的な事実に基づかなければ、その前提により自分がどんどん追い詰められて苦しくなっていってしまいます。人間はミスしない生き物なのか、人間はミスする生き物なのか。皆さんも考えるまでもなくわかりますよね。

後は場面にもよると思います。「ここはこの試合の流れを決める大切な場面だから絶対にミスは許されない」と考えてしまうケースです。気持ちはよく理解できますが、よく考えてみてください。試合の中に大切な場面と大切ではない場面があるのでしょうか。それを決めているのは自分自身です。

さらには、仮に大切な場面と大切ではない場面があったとして、皆さんはプレーやプレーする気持ちを変えるのでしょうか？　どんな場面でも変わらずにベストを尽くそうとするはずです。ですから、自分から今は大切なケースだとか、このケースはミスが許されないなどと考えて、わざわざ自分で自分自身にプレッシャーをかけていく必要はないのです。

ワンプレー、ワンプレーに対して変わらずにベストを尽くそうとするだけでいいのです。ベストを尽くしたとしても人間である以上は、ミスをしてしまう時はミスが起こりうるということです。ミスをしない前提でいるとミスをした時にも慌てて焦ってしまいます。ミスをしたことでパニックになってしまい、ミスがさらなるミスを生み出す原因にもなります。

ミスをする前提に立てていれば、ミスをした時の心の準備もできているので適切な対処をする余裕もあります。このようにプレッシャーが大きくなってしまう人、プレッシャーに押し潰されてしまう人には、共通する前提での間違いがあるのです。このことをしっかりと意識しておくことが大切になります。そして、意識して今の自分の頭の中に居座る前提を変えていくようにすることが重要になるのです。

ミスを恐れていてはプレーしていても不安に取りつかれてしまいます。そんな心の状態ではビクビクしてしまい、自分の実力すらも発揮できずに終わってしまいます。せっかくの試合なのですから、しっかりと不安やプレッシャーを心から取り除いて自分らしいプレーをしてもらいたいと思います。

7（本番後）本番で思うような結果がでなかったとして果たして何を失ったか？負けたら凄く大きなモノを失うと勝手に思い込まされている自分に気づくこと

皆さんは性善説と性悪説という言葉を耳にしたことはありますか？　性善説とは基本的

に人間はサボらない生き物だという立ち位置の考え方で、性悪説とは基本的に人間はサボる生き物だという立ち位置の考え方になります。

スポーツでは、明らかに性悪説に立っての指導が多く行われている現状があります。選手は基本的にサボるものという立ち位置に立てば、サボらせないためにどうするのか？負けることの怖さや負けて失うものの大きさを徹底的に叩き込み、その負けることへの不安からサボらせないように導いていくのです。負ける怖さがなければサボるということなのでしょう。

しかし、本来、人間は嫌いなことはサボろうとしてしまうかもしれませんが、好きなことはサボろうとはしないはずです。皆さんが自分のしている競技が好きでサボらないとするなら、性善説でもいいのです。

それは置いておいて、日頃からの指導により負ける怖さが心の中に染み付いてしまうと、試合をしていても常に負ける怖さが作り出す大きなプレッシャーにつきまとわれてしまいます。この心のメカニズムを理解しておくことが大切です。

皆さんの多くは負けることに対して漠然とした不安や恐怖を抱えているだけなのです。負けた試合後にすぐに考えてみてください。皆さんはこの試合に負けて何を失ったのでしょうか？　改めて考えてみると何も失ってはいないことに気づくはずです。もちろん、負けて悔しいといった感情はあるでしょう。しかし、何も失ってはいないのです。そこに気づくことが第一歩です。

ドライに言えば、その試合に負けたというそれだけのことなのです。そう考えれば、負ける怖さによるプレッシャーを感じながらプレーする必要もなかったと気づけるでしょう。

北京オリンピックの時に指導していた水泳選手は、オリンピックで銀メダルを獲得しました。オリンピック後にどうだったと質問すると、「コーチからは金以外はメダルじゃないと言われていて、ずっと金メダルしか見ていなかったですけど、実際に負けて銀メダルでしたけど何も失ってはいないし、自分の力を出し切ったので満足です」との答えでした。

大切なのは自分の今の実力を出し切って試合を終わることであって、負けるプレッシャーで自分の実力を出し切れずに終わるというのは本末転倒なことなのです。練習をサボらせないために試合で負ける恐怖を与えられたことが、結果として試合で負ける恐怖で自分の実力を出し切れずに終わっては、何のためにサボらずにやってきたのかということになってしまうのです。

今まで実に数多くのアスリートの指導をしてきましたが、負けて大きなものを失って再起不能になった選手は一人もいません。

最後に一つの笑い話をご紹介したいと思います。

強豪の高校野球部のメンタル講習会の時に「君たちは最後の夏に負けてこの世の終わりみたいに大泣きするよね。でも球場から帰る時には普通に仲間と話して、夕方にはお腹が空き、夜にはテレビを見る。数日したら皆でプールに行って夏はプールだ！　なんて笑ってるよね」と言ってあげます。そして、「そんな君たちは何を失うの？」と。

すると選手の一人が「負けて悔しいから涙が出ます」と答えます。

その選手に「では、負けて悔しいなら君は秋季大会や春季大会で負けたら泣いたの？」と聞くと首を横に振ります。

さらには「このメンバーで野球をやれるのが最後だなと寂しくなるんです」と答えました。その選手に「寂しいなら、このチームのこのメンバーで後10年、高校野球を仮にやれたとしたらやりたい？」と聞くと、これまた首を横に振ります。

もちろん、感情は理解できます。それは人間として自然な感情ですから。要は負ける怖さを取り除いていってもらいたいのです。そうすればプレッシャーに追い詰められることもなく伸び伸びとプレーできるのですから。

8（本番後）今の自分の状態や実力のすべてを出し切れたか？ 80％なら80の100％を出せばいい

「試合が始まって最初のほうで、拾えるイメージのある相手の打ってきたシャトルにギリギリ追いつかないような時。正直あれ？　今日はあまり調子が良くないのかな？　と気になって、それが尾を引いて最後まで調子が上がらないで終わった試合もありました」と、二度のオリンピックで活躍されたバドミントン日本代表の潮田怜子さんが話してくれたことがありました。

このような経験をしたことのある選手は意外に多いものです。試合の時に自分を最高のコンディションに合わせていくことをピーキングと言いますが、これはなかなか難しいものです。プロ野球の先発ローテーションを週に一回で回す先発投手ですら、一週間という短いスパンでピーキングを合わせるのが難しいものです。

皆さんも試合前や試合中に体調や技術の不調を感じることがあると思います。そして、そのまま試合をしていく中で何か不調のままズルズルと試合が終わってしまうことがあるのではないでしょうか。

そもそも不調を感じるというのは、常に自分の中に絶好調な時の自分のイメージがあり、そのイメージの中の自分と今目の前の現実の自分との間のズレを感じるということです。仮に絶好調な時の自分を100として今の自分は80点だ、60点だと感じるのです。

皆さんに試合後に振り返ってもらいたいのは、仮に現実の自分が80点だとして、試合中にその20点足りない部分にばかり自分の意識を向けて試合をしていなかったか？ということです。

「何でだ！　本当は自分はこんなもんじゃないのに！」

「調子が良ければこんなプレーは普通にできるのに！」

このようにイライラしたり、不安に感じたりすると、「こんな状態だから何とかしなくては」と焦りが生まれ、それがプレッシャーに繋がっていくのです。

大切なのは、いつもベストな自分の調子でいることはできないということを理解しておくことです。ここを理解しておかなくては、調子を合わせられなかったことで自分が自分自身を責めてしまうことになります。

もう一つは、足りない20点に意識を置いて、焦ってそこを戻そうと追い求めないことです。今の自分の調子が80点なら、80点の自分の100％を出し切って試合を戦えばいいと割り切って考えていくことが大切になるのです。

ないものをいくら求めてもプレッシャーになるだけです。それなら、あるものを出し切って何とかしてみようと考えるほうが気持ちが楽になります。そのように気持ちを楽にして前向きに試合をしていると、次第にリズムもよくなっていき調子も上がってきたりするものです。

そんな試合の進め方をできたかどうかも試合後にしっかりと振り返ってみてください。試合後に足りない20点で上手くできなかったプレーを思い出すのではなく、80点の調子でもできた良いプレーを何度も繰り返し思い出していくことが重要になります。

そのようにして、たとえ80点でも力を出し切れば良い試合ができたんだという印象を強くすることで、次からも似たような状況の時にも、あの時も良い試合ができたんだから今回もベストな調子でなくても大丈夫と考えやすくなるのです。

これは余談ですが、シーズンが始まって試合前夜に興奮が強くて寝つきが悪いプロ野球選手などには、オープン戦の時にわざと一晩徹夜をさせて完全に寝不足という万全ではない状態を作って試合に出てもらったりもします。

寝不足で万全ではなくても、ある程度はしっかりとパフォーマンスを発揮していけることを学習しておいてもらうためです。

選手のほうも「前は寝不足が心配で寝よう寝ようと焦って余計に眠れませんでしたが、寝不足でも割としっかりとプレーできることを経験しておけたので、寝つきが悪くても大丈夫と安心できて逆に寝つきが良くなりました」とのことでした。

このように自分の調子が１００点でなければ駄目なんだという頭の中にある考えを取り除いていきましょう。そうすることで、プレッシャーを感じることなくプレーしていくことができるのです。

9（次に向けて）

負けたり、ミスをすることは嫌なことなのか？ 今の自分がミスもせず勝ち続けたとしたら楽しい？ 今やっていることを続けられる？

もし、皆さんが今打ち込んでいる競技をする中で、一切のミスもなく負けることもなかったら楽しいと感じるでしょうか？

スポーツからは外れますが、以前に受験の大手予備校で講演をさせていただいた折に、「皆さんはテストで小学校の一桁の足し算をしたら、まずノーミスで毎回１００点を取れますが、それは楽しいですか?」とたずねると、ほぼ全員が楽しくはないと答えました。「やはり難しい問題と格闘して何とか解答できた時が楽しい」「できない問題をできるようにしていけると楽しい」という答えが多かったのを覚えています。

皆さんはゲームをすることもあると思いますが、ファーストステージは簡単ですぐにクリアーできるはずです。つまりは勝てるということです。勝つことのみが楽しいなら、ずっとファーストステージをやり続けますか? 恐らく皆さんはステージを上げていくことでしょう。ステージを上げればレベルが高くなり負ける可能性が高くなるにもかかわらずです。

ここで皆さんに改めて考えてもらいたいのは、皆さんは勝ちたいという気持ちと同時に歯が立たなかったり、負けたりすることも求めているということです。

メジャーリーグでも活躍され今はヤクルトスワローズで活躍する青木宣親選手との雑誌での対談の際、このような話をされていました。

「日本のプロ野球のレベルとアメリカの野球のレベルがどうこうとかではなく、長年日本のプロ野球の中である程度の数字を残せるようになると、このままでいいのか? という疑問が湧くんですね。自分が歯が立たない環境に身を置いて通用しない自分を感じてみたいというか……、自虐的っぽいですが(笑)。井の中の蛙では自分が自分自身を楽しめないんですよ」

皆さんは負けては駄目だと考えているため、負けはとても嫌なものだという認識をしています。しかし、こうして考えてみると、負けがあるからこそ楽しいし、飽きることなくその競技を続けられているとも言えるのではないでしょうか。

指導していたオリンピックの柔道の日本代表選手は、「ライバルって不思議な存在なんです。自分が勝ちたいとまずは思うんですが、何か負けたいとも思うというか、常に自分の前に立ちはだかっていてもらいたい存在なんですよね」と口にしていました。

その選手は柔道本来の武道としての一本勝ちにこだわるスタイルでした。対してライバルとなる選手は巧みな技術でポイントを稼ぐスタイルでした。オリンピックで競技スポーツとしての柔道で金メダルを獲得するために周囲からは、ポイントを稼ぐ試合巧者になるように言われていたようです。

しかし、本人はあえて一本狙いの自分のスタイルを貫く姿勢で、見事にオリンピックで金メダルを獲得しました。

「決勝まで進んだ時、公には口にできませんが、そのライバルにたとえ負けたとしてもいいやと思っていました。柔道が競技スポーツと捉えれば、自分のスタイルを貫くというのは厳しい選択だったと思います。しかし、それが自分だし、負けたとしてもそこにこだわってライバルと戦えるその時間は、最高に楽しくて幸せな時間だと感じたんです」

と、この選手が話してくれました。

このように負けることに対しての自分自身の中のイメージを変えていければ、負けることに対しての恐怖心から生じるプレッシャーを取り除いていくことができるはずです。

次の試合に向けて少しずつでも負けに対してのイメージを、楽しいとまではいかないとしても、嫌なものじゃないくらいまでに変えていく。そうできるといいのではないかと思います。それだけでも自分が感じるプレッシャーには変化が生まれてくるはずです。

最後に一文を添えておきます。

「簡単なことは楽だけど楽しくはない。困難なことは決して楽ではないが、突き詰めれば楽しい」

次に向けて自分の中の楽しいという気持ちをしっかりと見つめ直して、自分なりにしっかり定義しておくことも大切なのではないかと思います。

(次に向けて)10

次に向けて自分のやるべきことと役割を明確にしていけているか?勝手に自分をスーパーマンに仕立て上げないようにする

プロ野球の鉄人と称され国民栄誉賞も受けられた生前の衣笠祥雄さんと話した時、面白いことをおっしゃっていました。

「ノーアウト満塁で打席が回ってきたら、打者のほうも大きなプレッシャーがかかるんですね。ここで点を取らなければならないというプレッシャーです。そうなると何とかヒットを打たなければならないとなってしまう。

でも、それは最高の形であって、そこばかりを求めているからプレッシャーになるんです。最低の形も考えておくことも大切なんです。最低というのは犠牲フライになるわけです。要は外野までフライを飛ばせばいいんだと考えれば気が楽にもなるでしょう」と。

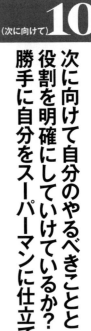

驚いたのは、衣笠さんクラスでも自分が絶対にヒットを打てるスーパーマンではないということを自覚されていたという点です。

皆さんは同じような状況に置かれたら、そのように考えられるでしょうか? 衣笠さんは最低ラインを犠牲フライに置かれましたが、バントに自信があれば最低でもスクイズというのもあるかもしれません。選球眼に自信があればフォアボール押し出しというのもあるかもしれません。

もちろん、最高の形になれば一番ですが、そこを追い求める余りプレッシャーがかかり最悪のプレーになっては仕方がありません。人間は誰もがスーパーマンではないのです。いつでもどこでも何でもできるということはありません。

次の試合に向けて自分の持ち味は何なのか？　自分の役割は何なのか？　ということをしっかりと自覚しておくことが大切になります。持ち味を自覚できていなければ、それこそ最高の形しか頭の中には浮かんでこないでしょう。持ち味を自覚しているからこそ、その持ち味で「最低でも～～すれば大丈夫」と考えていくことができるのです。

そうすれば、何がなんでもヒットを打って点を取らなければならないというプレッシャーからは解放されていき、心に余裕を持てるはずです。

問題なのは、持ち味を知らない選手ほど自分がスーパーマンでなくてはならないと感じてしまう点にあるのかもしれません。あるいはスーパーマンのようなヒーローになりたいと思ってしまうところです。

スーパーマンの役割を担ってしまうと大変なことになってしまいます。もちろん、その役割を果たすことができれば最高でしょう。しかし、それをできないのであれば、いち早く今の自分の置かれている状況での役割を見出だしていくことが求められます。ヒットやホームランで大量点を取るスーパーマンではなく、ここでまずは最低でも一点は取るという役割を見出だしていけるからこそ、その役割を果たす手段としての持ち味となるのです。

この役割に対して、よく選手達に話す言葉があります。

「たぶん、トイレットペーパーと聞くと世の中にある紙の中で一番汚ない紙と答える人は多いのではないだろうか。でも、日常生活の中で一番なくてはならない紙でもあるだろう。人には高級和紙のような役割からトイレットペーパーのような役割まで幅広くある。

誰もが高級和紙に憧れたりしがちだ……。でも、嫌われ役だったり、地味で汚れ役という役割にも深い意味があり、それは実はとても欠かせない役割だったりすることも多い。逆にそんな当たり前になりつつある役割、あるいは役割を果たしてくださっている人に対して深く感謝していくことも大切なことだと思う。

どんな役割もそれぞれに深いものであり、実は役割に優劣なんてない。その役割に誇りをもって全力でまっとうすれば、必要としている人やチームの役に立っていける」と。

誰もが派手な役回りのヒーローになりたい気持ちもわかります。しかし、それを本当に自分が担えるのか？　を再度自分自身の中で問いかけてみることです。どのような役割であってもチームの中ではかけがえのない役割なのですから。

次に向けて何よりも自分の役割と持ち味の明確化をしておくことで、いざ次の試合ということになった時にも落ち着いて状況に対処していけるのではないかと思います。

それこそ次に向けての心の準備であり、持ち味のプレーを磨いていくのは次までの練習での課題になっていくのです。

第2章

緊張との上手なつきあい方

1（日常）
自分は緊張しやすいタイプなのかどうかをチェックシートで理解する

皆さんの中には試合中に凄く緊張してしまうという方もいることでしょう。まずは、この緊張について少しお話をしていきたいと思います。

緊張の話をする中で、「試合中は緊張感も大切なのではないですか？」という質問を受けます。その通りです。まずは【図①】の逆U字曲線をご覧ください。

このようにピークパフォーマンスを発揮できるのは、緊張半分リラックス半分の心の状態の時です。皆さんが「緊張して力を出せない」とか、「リラックスしなくてはいけない」と考えるのは、心の状態が完全に左寄りの過度な緊張に振りすぎてしまっているからなのです。

過度なリラックスした状態の時というのは、眠りに落ちる直前のような感じです。これも良くありません。リラックスの右寄りにしておき、試合になれば自然に緊張感が加わっていくというのが理想の形ではないかと思います。

【図①】

逆U字曲線

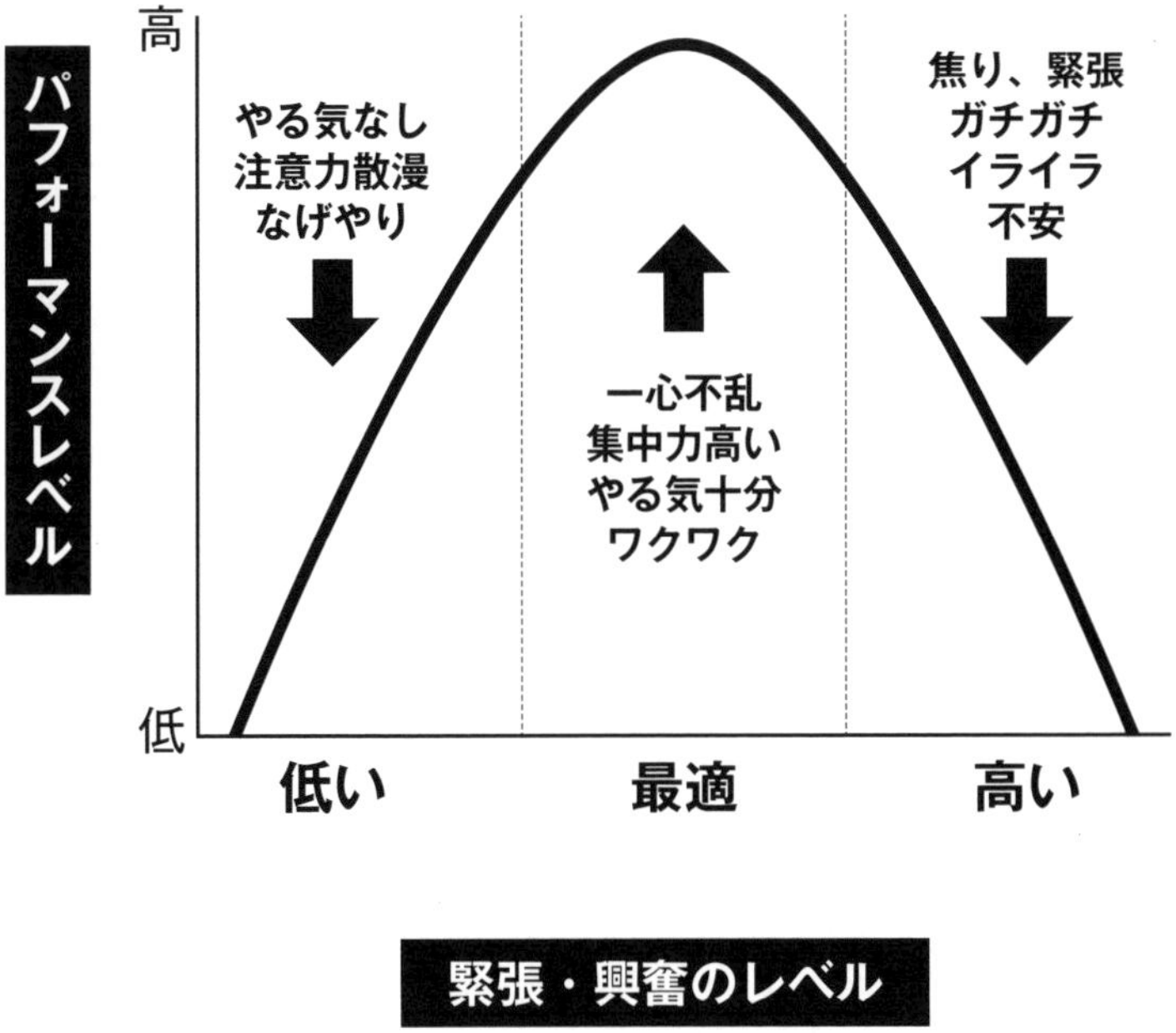
パフォーマンスレベル
高
低
やる気なし
注意力散漫
なげやり
一心不乱
集中力高い
やる気十分
ワクワク
焦り、緊張
ガチガチ
イライラ
不安
低い
最適
高い
緊張・興奮のレベル

では、さらに緊張のメカニズムについてお話していきましょう。人間の身体には自律神経というものが走っていています。この自律神経には交感神経と副交感神経とがあり、交感神経が優位に働いている時には緊張が、副交感神経が優位に働いている時にはリラックスが強くなるのです。それぞれの神経が優位になった時には身体の様々な箇所に変化が出てきます。

まずはチェックシートで皆さんご自身の緊張度合いを、交感神経優位になった時に生じる身体の状態でチェックしてみましょう。試合の時のことなどを思い出してチェックしてみてください【チェックシート①】。

この次に緊張しやすい性格というものもあります。この性格というのは皆さんが生まれ持った要素と後天的に様々な考え方（思考）を身につけていく中で作られた性格もあります【チェックシート②】。

この二つのチェックシートの両方で緊張度数が高い人は、身体的な面と性格的（思考的）な面との両面から、そのチェック項目の反対方向に自分自身を持っていければリラックスしていけるということでもあります。

一つだけの人は身体的もしくは性格的（思考的）な部分だけを反対方向に持っていくようにしていきましょう。

チェックシート①【身体の状態チェック表】

	○印
① 胃がムカムカする	
② 心臓がドキドキする	
③ 口の中が乾燥する	
④ お腹が痛くなる	
⑤ 手のひらに粘りのある汗をかく	
⑥ 心拍数が高くなる	
⑦ 同行が拡大している（まぶしい）	
⑧ 呼吸が浅くて速くなる	
⑨ 身体のあちこちに力《りき》みを感じる	
⑩ フワフワと浮いた感覚がある	
⑪ ノドに違和感はある	
⑫ 手足にダルさを感じる	
⑬ めまい、耳なり、立ちくらみがある	
⑭ 息苦しさを感じる	
⑮ 手や足の指先に冷たさを感じる	
⑯ 顔や頭に血が上っている	
⑰ 身体がブルブル小さくふるえる	
⑱ 空あくびが何度も出てくる	
⑲ 頭の中がボーっとした感じがする	
⑳ 身体の動きがギコチなく感じる	

○印が12個以上あると緊張傾向が強い

チェックシート②【性格的（思考的）チェック表】

	○印
① ミスすることがとても怖い	
② 周囲の目や評価が気になる	
③ 自分の欠点ばかりに意識が向く	
④ 物事をウジウジ考えてしまう性格だと思う	
⑤ 自分がなんとかしなくてはいけないと考えがち	
⑥ 人前に立つのが恥ずかしいと感じる	
⑦ 完璧主義が強いと感じる	
⑧ 過程よりも結果ばかりが気になる	
⑨ 何かを始める時にマイナスイメージばかりが浮かぶ	
⑩ 小さいことがとても気になる	
⑪ 人の言葉がいちいち気になる	
⑫ 物事をマイナスにとらえて、マイナス思考になる	
⑬ おとなしい性格をしていると思う	
⑭ 自分の意見よりも他人の意見を尊重する	
⑮ プレッシャーを感じやすい性格だと思う	
⑯ 厳しい言葉を人から言われるのが苦手だ	
⑰ 物事をむずかしく複雑に考える傾向がある	
⑱ 責任感が強いほうだと思う	
⑲ 自分の中になかなか自信が持てない	
⑳「～～でなければならない」という義務感が強いほうだ	

○印が12個以上あると緊張傾向が強い

過度な緊張をしてしまうとプレーしていても思うように自分の実力を発揮できません。そうならないためにも次の項目からの具体的な緊張を緩和する対策をしっかりと行い、上手に過度な緊張から自分を解放してプレーに臨んでもらいたいと思います。

まずは緊張の正体を知り、自分の身体の変化にも意識をはらってください。そして、自分のどのような性格（思考）が自分に緊張を生み出しているのかを客観的に理解しておくとより対処しやすくなるはずです。

2（日常）

頭や身体を思い切り力ませて、一気に緩める「筋弛緩法」

緊張をしてしまうと全身が中途半端に力んでしまいます。よくスポーツの場面で聞かれる「固くならずに楽に！」という言葉は、まさしくこの力みの状態を表しているのです。

水泳で大会オリンピックに出場して今はスポーツキャスターをされている松田丈志さんは、「緊張が強くなると、自分では必死で腕をかいているように感じていても実際には力んでいて関節の可動域も狭くなり腕がしっかりと伸びないし、力んでいる分だけ瞬発的な動きができなくなっているんです」と表現しています。

これは水泳に限らず、どの競技でも似たような感覚を覚えたことがある人は多いのではないでしょうか。これでは明らかに競技力は低下してしまいます。

こうした緊張による身体の力みを取り除くための方法をご紹介します。これは「緊張してしまうという身体が固くなり、跳ねた後に雪面に着地した時にバランスを崩してしまうんです」と口にしていた冬季オリンピックに出場したスキーのモーグル選手に伝えた方法です。

これは「筋弛緩法《きんしかんほう》」という方法です。まず、筋肉の特性として最大の緊張（力み）の後には、最大の弛緩（ゆるみ）が起こります。緊張している時の力みは中途半端な力みなのです。ですから、なかなか力み感が抜けないのです。ここで、あえて筋肉を最大限に思い切り力ませます。そして、その後に一気に力を抜いて脱力してというのを繰り返すのです。「筋弛緩法」のやり方は、まずは大きく息を吸って息を止めて顔から首の辺りをゆっくり5まで数えながら最大限に力ませます。その後、一気に口から息を吐き出して脱力します。それを3回繰り返します。同じ要領で次は胴体部分を、さらに次には両腕を、その次は両足を行っていきましょう。

【筋弛緩法】

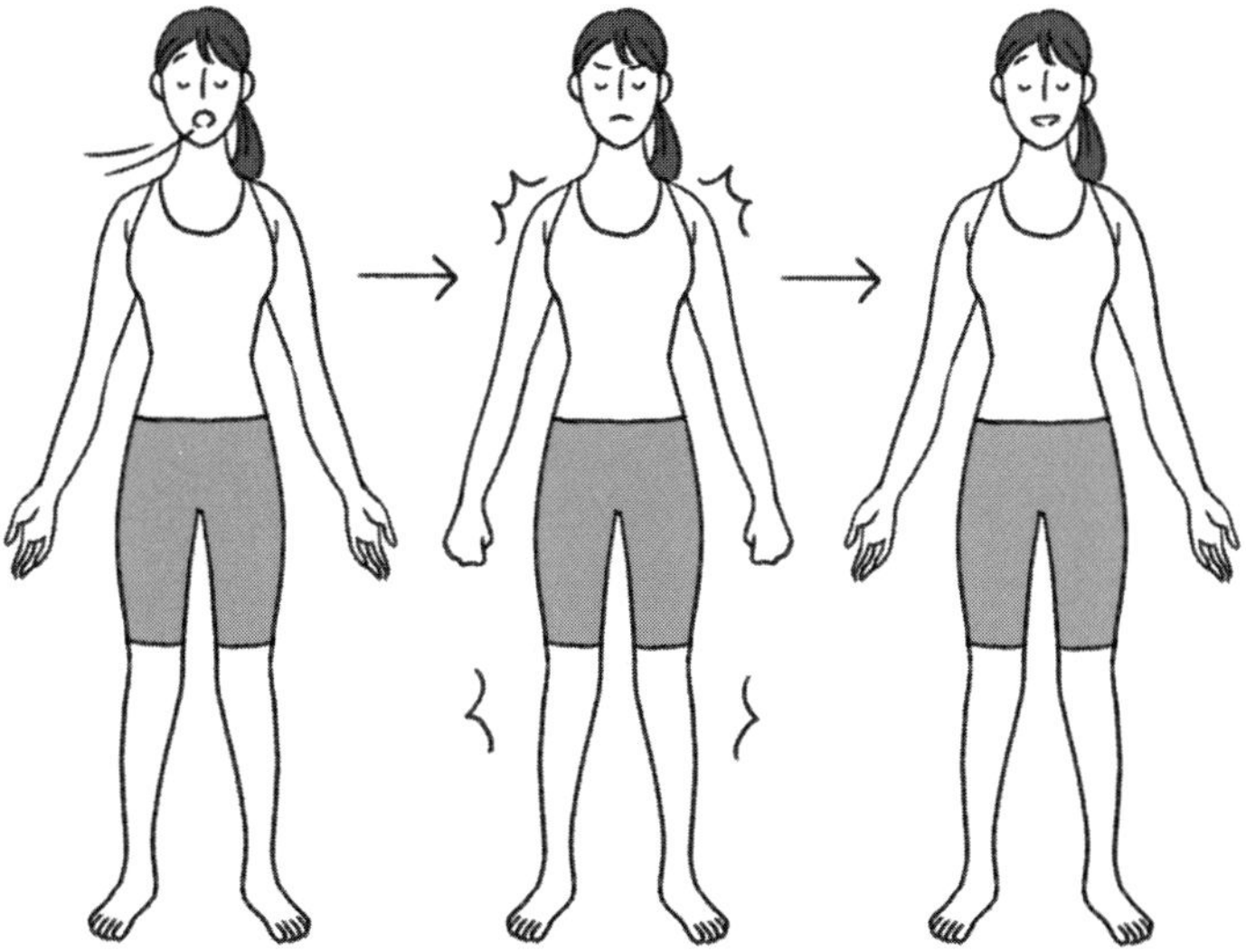

①大きく息を吸う。

②息を止めて顔から首の辺りをゆっくり5まで数えながら最大限に力ませる。

③一気に口から息を吐き出して脱力。①～③を3回繰り返す。

そうして、最大限に力ませた後に脱力する感覚を覚えていきます。慣れてくると一気に全身を最大限に力ませて緩めることができるようになります。これによって、本番に臨んだ時の緊張による中途半端な力みを取り去ることができます。

そのスキーのモーグル選手には、日常からパーツ毎の練習をさせていました。そして、いよいよレース前という時には全身を一気にやるように伝えました。

「筋弛緩法をやるようになってから上手に脱力ができるようになり、緊張しない時もやるようにしていたら、下半身が柔らかく使えるようになって滑りがさらに安定するようになりました」と言っていました。

日本代表のラグビー選手は、「試合後の夜に身体の緊張状態が抜けなくてなかなか寝つけなかったので、ベッドの上で横になったままで、この方法をやってみたら筋肉が緩んでリラックスできて寝つきが改善されました」と言っていました。

このように簡単でいろいろなアレンジをしていける方法なので、皆さんも是非実践してみてください。過度な緊張に対しては緊張を緩和する方法を知っているだけで安心できたりもします。

3 （準備期間）身体がリラックスし、頭がスッキリする丹田腹式呼吸法

皆さんは丹田という言葉を耳にしたことはありますか？

全日本剣道選手権大会で優勝6回、準優勝2回、世界剣道選手権大会で団体優勝4回、個人優勝1回と輝かしい実績を持つ宮崎正裕さんは、「剣道に限らず日本の武道で昔から何よりも大切にしてきたのが丹田です。丹田に意識があると心身ともに安定感が生まれます。そうすると、心身ともに自然に状況に応じた反応速度が上がるんです」と話していました。

お腹のヘソの下の下腹部の辺りの場所を丹田と呼びます。この丹田を意識した腹式呼吸法を「丹田腹式呼吸法」と言います。この呼吸法を実践することで副交感神経が刺激され、脳に送られる酸素の量が増え、感情を抑える役割を持つセロトニンの分泌量が増えるため、気持ちが安定して緊張やストレスの緩和にもつながります。

それでは「丹田腹式呼吸法」のやり方をご紹介します。

①まず、下半身が安定するように軽くあぐらをかいて床に座ります。
②そして、背筋をピンと伸ばして軽く目を閉じ、右手または両手を「丹田」に置きます。
③次に丹田に意識を集中させ、身体の中にある空気をすべて口から吐き出します。
④その後、鼻から5秒くらいの時間をかけて空気を吸い込み、3秒くらい止息した後に10秒くらいの時間をかけて口から吐き出すのです。

大切なポイントはどちらもゆっくり行うことです。息を吸ったときお腹が膨らみ、吐いたときお腹がへこんだ状態になるようにしてください。これを10回繰り返します。慣れてきたら息を吐く時間をどんどん長くしていくようにしましょう。

このお腹の意識を持ちづらい人は、あぐらをかいて実践する前に、床に仰向けに横になります。そしてお腹の上に少し重量のある本などを置きます。その本を上げ下げするとお腹の膨らみやへこみを意識しやすくなるでしょう。

このようにして本番前からしっかりと準備しておけば、本番では立ったままでの深呼吸をする時にもしっかりとした「丹田腹式呼吸法」の形にしていくことができるのです。

指導するサッカー日本代表のフォワードも経験した海外でプレーしている選手には、この「丹田腹式呼吸法」の応用として、次のような呼吸法を行ってもらっています。

予め緊張の原因になっている不安を洗い出しておき、お腹で止息している時にお腹に不

【丹田腹式呼吸法】

おへそ
指4本分
丹田
空気を全て吐き出す
鼻から5秒空気を吸う
3秒止息
10秒かけて息を
口から吐き出す

安を溜めて、息を吐き出していく時にゆっくりとそれらの不安を外に吐き出すイメージで呼吸してもらいます。

そして、息を吸い込む時には大気中にある希望の種やエネルギーの粒子を自分なりに自由に想像し、それらを取り込むイメージで行うようにします。

この呼吸法で「身体もリラックスできるし、頭の中もモヤモヤしているものが整理されてスッキリする感覚があります」と、この選手は言っています。

このようにしっかりと準備をしておけば、本番で緊張を感じたような時でも慌てることなく呼吸法を用いて対処していくこともできるのです。

まずはベースになるお腹の意識をしっかりと作り出すためにも本をお腹に置くなどして取り組んでみましょう。そして、基本の形での「丹田腹式呼吸法」をマスターし、その次に深呼吸への応用や呼吸法にイメージを取り入れるなどの段階に進んでいってください。

4 (準備期間)

呼吸をしやすい体の姿勢を意識していく

緊張した時に皆さんは開放的な気持ちになりますか？ 恐らくそうはならず、気持ちは内向きになっているはずです。この心の状態は身体にも表れます。緊張して気持ちが内向きになると身体も内に丸まってきて肩も前に出てきて猫背のようになって縮こまっていきます。

西武ライオンズ、千葉ロッテマリーンズで監督を務められた伊東勤さんは、「いつも選手を見ていると、自信がなかったり緊張したりしている選手はすぐに気づきます。いつもは大きい身体の選手が何だか小さく見えるんですよね」と話していました。

皆さんもそんなふうにチームメイトが見えたこともあるのではないでしょうか。背中が丸まり肩が前に入り込んだ姿勢は肺を圧迫し、息を深く吐いたり吸ったりしづらくなってしまうのです。

その姿勢になってしまうと、肺が圧迫され、横隔膜など呼吸筋の動きが悪くなってしまいます。息を大きく吸ったり吐いたりできなくなるため呼吸は浅くなり、一回で取り込める酸素の量が、深い呼吸の半分になってしまいます。

呼吸が浅くなると脳は酸欠状態になるため働きも低下してしまいます。そうなると判断力も低下します。緊張した時に頭がボーとした状態になるのもそのためです。すると、スポーツの様々な場面で素早く適切な判断ができなくなるという問題が起こるのです。

そこで、選手には常に大きくゆっくりと呼吸をできる姿勢を意識させるようにしています。そのための方法をご紹介します。
①まず、胴体と骨盤をまっすぐに立てて、胸を開くイメージで、いい姿勢で立つことを習慣づけてください。
基本の立ち方は万歳《ばんざい》のポーズで少し背伸びをしてから、腕をストンと落とします。同時に踵《かかと》をゆっくり下ろし、肩の力を抜きます。すると重心が体の中心を通り、前後左右のバランスが取れるようになります。
②姿勢が整ったら、頭の後ろで手を組み、鼻からゆっくり息を吸います。
③続いて口からゆっくり吐きながら、腕を上げて伸び上がります。この時、鼻から2秒かけて吸い、口から4秒かけて吐く。特に息を吐くときは、意識的に吐き切るようにすると、自然と息を吸うことができます。

【呼吸をしやすい姿勢の作り方】

何度も繰り返すことで呼吸のしやすい身体の姿勢を覚え込ませていきます。

「この姿勢を意識するようになって、緊張対策としてもそうですが、結果として大きく身体を使ってプレーができるようになりました」と話してくれたのはセリーグのプロ野球の投手です。

わかりやすく言うと、猫背の姿勢からテイクバックしようと腕を後ろに引こうとしても十分に引けなくなってしまうのです。緊張してしまうと無意識のうちに身体はもちろん、プレーも小さくなってしまうのはそのためです。それくらい、緊張による身体の姿勢の変化はプレーにも影響を与えてしまいます。

ですから、本番に向けて意識してこの姿勢をすぐに作り出せるようにしっかりと準備をしてもらいたいと思います。

本番の際には周りの指導者やチームメイトに自分の身体の姿勢がどうなっているのかを、第三者の目線でしっかりとチェックしてもらうようにするといいのではないかと思います。そうすることで自分が今、緊張しているのか、緊張していないのかも客観的に理解でき、状況に対応もしていけるでしょう。

5（本番）口の中に常に唾液を分泌させる

1998年のサッカー・ワールドカップのフランス大会の時に当時の日本代表だった城彰二さんが試合中にガムを噛み、常に試合中に笑っていたことが、世間から大きな非難を受けました。しかし、今ではスポーツにもよりますが、よく目にする光景になりました。

皆さんは緊張した時に口の中がネバネバして乾いたように感じたことがあると思います。また、顔が固く強張ったように感じたこともあるでしょう。緊張して交感神経が優位な時は唾液量が少なくなり、口の中がネバネバした状態になるのです。反対にリラックスして副交感神経が優位の時は、サラサラの唾液になります。

緊張すると口が乾くのは、交感神経が優位になりネバネバ唾液が分泌されるからです。その特性を逆利用して緊張した時に意識してサラサラ唾液を出すようにすると、副交感神経が刺激されてリラックスしていけるのです。

ここでサラサラ唾液を分泌していくための方法をご紹介します。

①最も単純な対処法は、ガムを噛むことです。噛む動作を繰り返すことで、唾液の分泌を促せるのです。

②唾液の分泌を促すにはガムを噛むのが効果的ですが、手元にガムがなかったり、部活動の指導によっては噛んではいけなかったりする場面もあるでしょう。そんな時は、噛む動作を繰り返すだけでも効果的です。ガムを噛むときほど唾液量がスムーズになるわけではありませんが、一定の代替効果があります。

③舌を動かすのも、唾液の分泌に効果的です。まず舌の先端を頬の内側に押し付けましょう。次に円を描くように舌を動かします。この運動を、左右で繰り返すだけで大丈夫です。そうすることで多量の唾液が分泌されているはずです。

このようにして意識して緊張した場面では唾液を出すようにするととても効果的です。

次に顔の強張りです。これも何とか取り去っておきたいものです。その方法をご紹介します。

一番いいのは、作り笑いでもいいので意識的に笑顔を作ることなのですが、これもスポーツや部活の指導によってはやりづらい場合もあると思います。

冒頭の城さんの話もそうですが、以前にパリーグのプロ野球選手に試合中の緊張する場面で笑顔を作ることを勧めたところ、監督から「何で大事な場面で打席に入る時にヘラヘラ笑ってるんだ！」と叱られたそうです。まだ日本のスポーツ界では、そうした間違った精神論のようなものが残っているのも事実です。

そこで、皆さんにもその代替方法として次の方法もお伝えしておきます。

緊張して口の周りや顎《あご》に力が入って緊張すると、歯の噛みしめが起こり、同時に頬《ほお》の表情筋や舌の筋肉にも力が入りやすくなります。

その部分の緊張の取り方としては、下顎の先端部の位置が重要になります。背筋を伸ばして姿勢を良くして、顎を少し引くようにしてください。大事なことは顎の先端を突き出さないようにすることです。そうすると、自然に歯の噛みしめが緩み、舌の力も抜けるので、緊張が取れてきます。

このように話を進めていくと、冒頭の城さんのスタイルは決して間違ってはいないのです。ただ、皆さんのやられているスポーツ環境に応じて判断し、難しいようであれば代替方法もかなり効果的なので実践してみてください。何よりも緊張を緩和して皆さんの実力を出し切っていけることが大切なのですから。

【サラサラ唾液分泌法と顔をリラックスさせる方法】

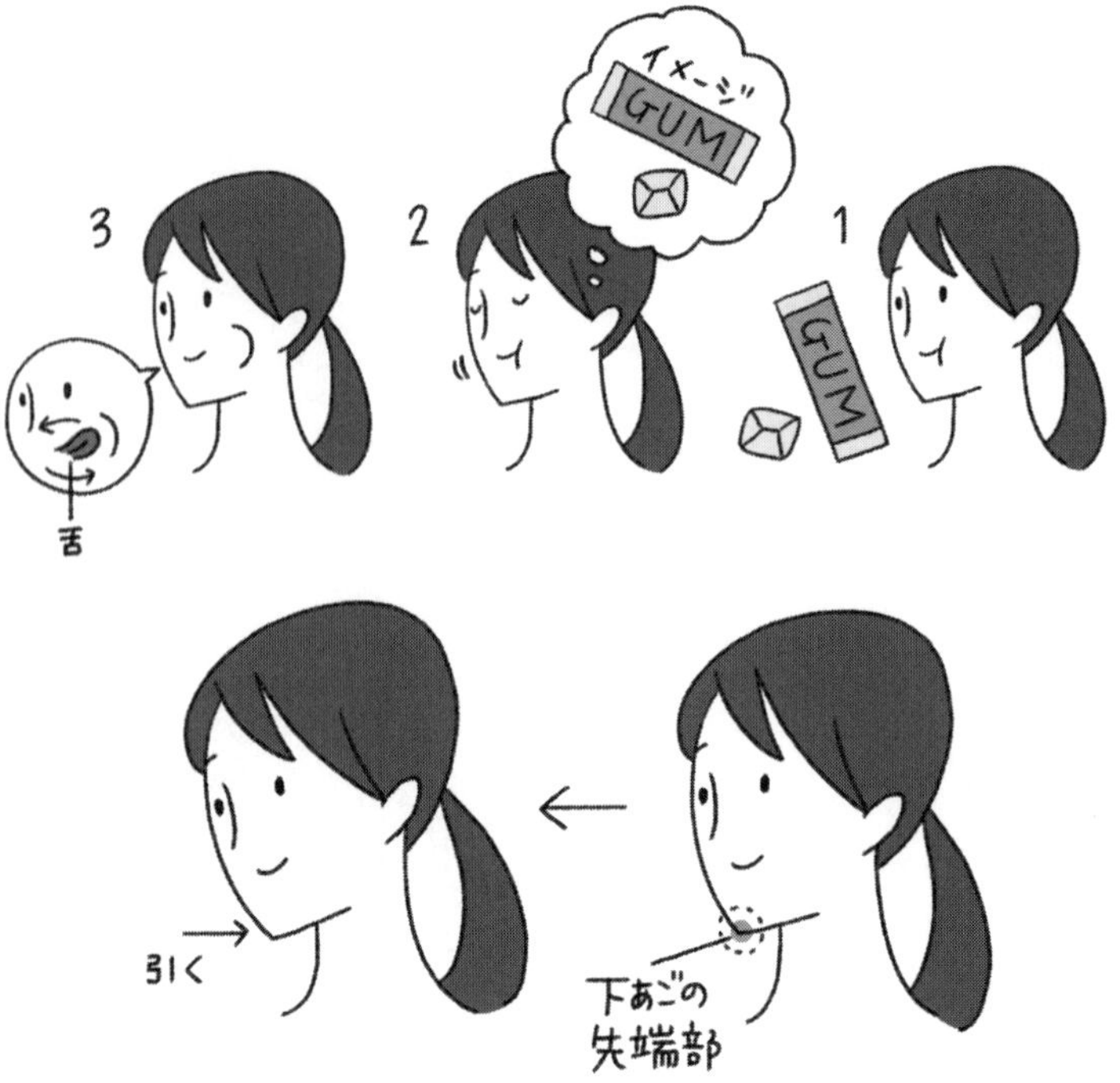

6 （本番）手足の指先のセルフマッサージを心がける

緊張が強くなりすぎると手足の指先が冷たく感じることがあると思います。反対に思い切りリラックスできていて眠気がおそってきたような時は、手や足がポカポカ温かい感じがすると思います。

これも交感神経と副交感神経の作用によるものです。緊張して交感神経優位になると血管が収縮します。すると、身体から遠い足や手の指先辺りの末梢血管への血流が悪くなるのです。反対に手足が冷たくなることで交感神経優位になり、緊張が強まっていくということもあります。

プロ野球のオープン戦の頃に指導する選手の何人かが、「特に緊張する要素もないのに緊張してしまう」と口にするケースがありました。よく考えてみるとオープン戦の時期はまだ気温も低く、手足が冷えているのではないかと気づき、「試合中も手足をよく温めるようにしよう」とアドバイスをしました。すると、すぐにこの選手達の緊張は解消されました。

本番で緊張が強い時には、手や足をマッサージするなどして刺激して血流をよくして血管を広げ、さらに血流を高めて温めてあげると効果的です。そうすると副交感神経に作用してリラックスさせやすくなります。

そのマッサージ方法をご紹介します。

①まず、手のひらと指を左右しっかりと合わせて交互に前後させて擦り合わせます。

②次に指が互い違いにクロスするような形で左右の手のひらを前後させて擦り合わせます。

③左手の手の甲側に右手のひらを互い違いの向きに重ね、左右に擦り合わせます。右手の手の甲も左手で同様に行います。

④最後に左手の指の親指、人さし指、中指……と一本ずつ右手の親指と人さし指とで少し力を入れて指の根本から爪先に向けて押すようにマッサージしていってください。反対も同様に行います。

手に続き足のマッサージです。足に関してはまずはシューズを脱いでください。そして座った状態になります。

①右足の指に左手の指を互い違いに噛み合わせて手のひらと足の裏を重ね合わせ、足首

を時計回りに5回ほど回します。反対も同様に行います。

②次は右足のかかとから足の爪先の方向に左手の手首を約90度くらい曲げ、手のひらの下（手首の少し上）で押し込むようにスライドさせていきます。足裏が温かくなるまで行いましょう。反対も同様に行います。

③最後に右足の親指、人さし指、中指と順番に、左手の親指と人さし指とで摘まむようにして指の根本から爪先に向けて軽くマッサージしていってください。反対も同様に行います。

それとあわせて緊張を緩和してくれると言われている5カ所のツボを数回押してみるのも良いと思います。

【労宮《ろうきゅう》】手のひらの中央。手を握ると中指の先端が手のひらに当たるところ。
【大陵《だいりょう》】手のひらを上にして、手首の曲がりジワの真ん中のところ。
【光明《こうめい》】外くるぶしの高いところから親指を横にして5本分上がったあたりの筋の間。
【膻中《だんちゅう》】左右の乳頭を結んだ中央。
【上星《じょうせい》】顔の中心、髪の生え際から2センチほど上がったところ。

このように緊張した時に自分が自分自身にセルフマッサージをしてあげることで緊張を緩和していくこともできるのです。

【手足のセルフマッサージ】

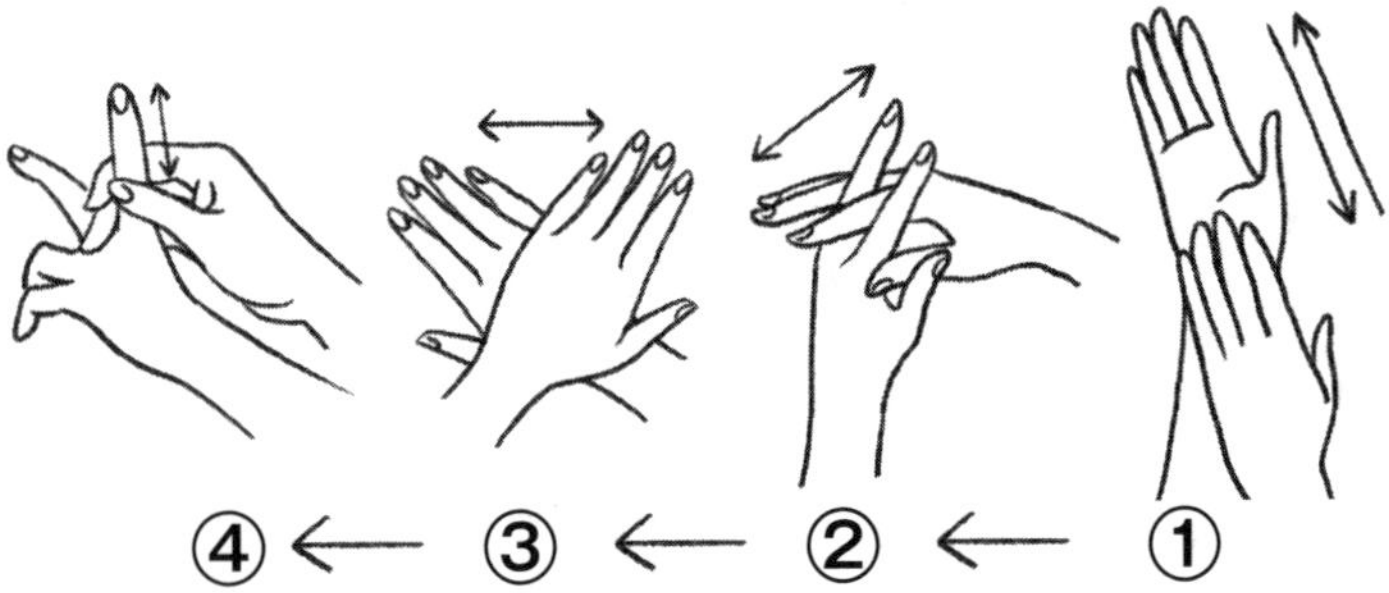

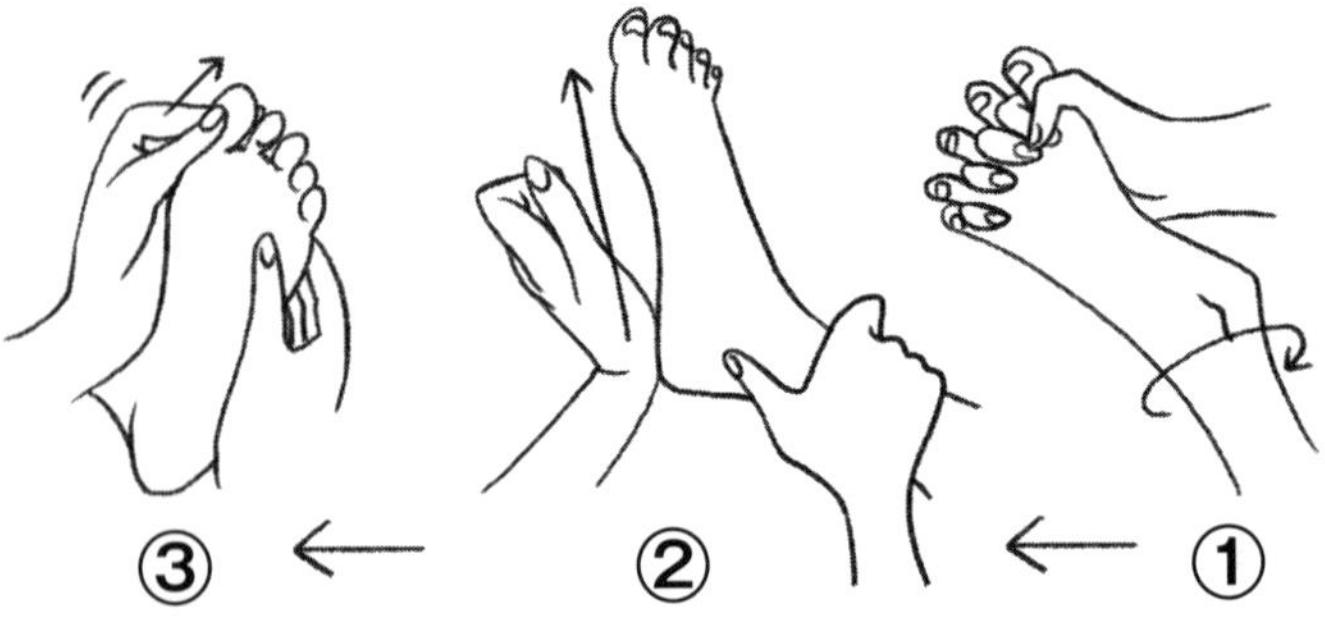

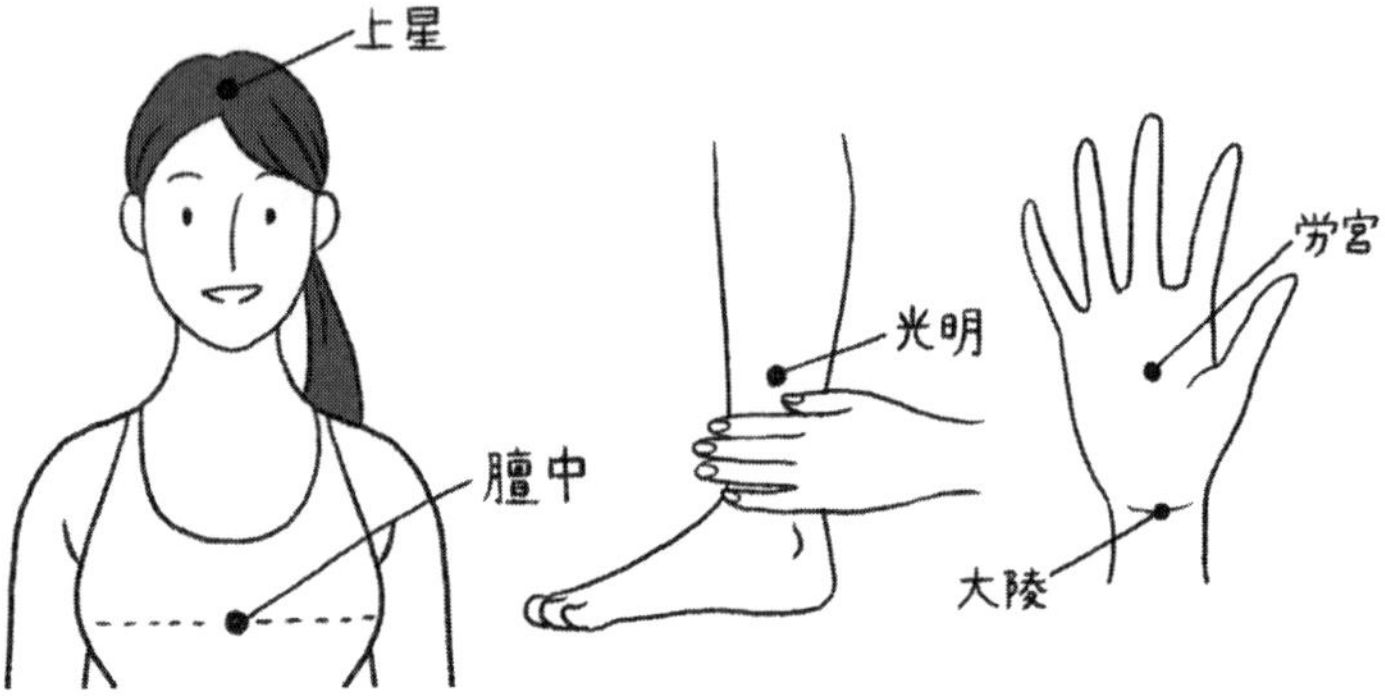

7 （本番後）
本番後は緊張による筋肉の力みの箇所を把握し、その力みを取り除く練習をする

「試合が終わると試合中は感じなかったハリを身体に感じることがあります。そのハリがいつも練習の後には感じない箇所だったりすると、あぁ、今日の試合は無駄な力んだ動きになっていたんだと気づけたりします」と以前に対談の際に話してくれたのは、サッカー日本代表も経験した岡崎慎司選手です。

緊張をほぐすためには自分の緊張を自覚することが大切です。自分の身体のどこかが、どういう時に力んでしまうかを知っておきましょう。緊張しそうな時に、ふっと全身に意識を向けてみると、どこか過剰に力んでいるパーツがあるはずです。

歯を食いしばる人や、拳を握りしめる人など、人によってクセが違います。力んでいる場所がわかったら、力を抜くように意識しましょう。実際に力が抜けていなかったとしても、このイメージをするだけで気持ちは和《やわ》らぎます。

試合中に緊張していたとしたら、試合後には身体のどこかのパーツに力みによる筋肉の

疲労感（重ダルい感覚）の大きなところがあるはずです。試合中には余裕がなく、力んでいる場所がわからなかったり、わかっていても抜く意識を持てなかったりもします。試合後であれば、落ち着いて意識を向けられるはずです。そのパーツを【疲労チェック表】に試合後に●（黒マル）を付けて記入していくようにしましょう。

毎試合記録していくと緊張した時の自分の身体の力みのクセが傾向として明確化されていきます。その疲労感の大きいパーツに意識を向けて力を抜く練習をしてください。そうすれば、今後の試合においても、緊張した時の自分の力みのクセを自覚して臨めるようになります。力を抜く練習をしておくことで試合中にも落ち着いて対処することができることでしょう。

では、力みを抜く方法をご紹介します。

前の項でお話した「筋弛緩法」でも良いのですが、ピンポイントで脱力するには、力んでいるパーツを自分の手で（誰かに頼んでもいい）触れてそこを強く意識しながら、そのパーツをとにかく軽くゆっくりと動かすようにします。

筋肉は止めようとすると力むし、速く動かそう、力を入れて動かそうとしても力んでしまいます。ですから、脱力するためには、あえてとにかくゆっくりと軽く動かすのが効果的なのです。

【疲労チェック表】

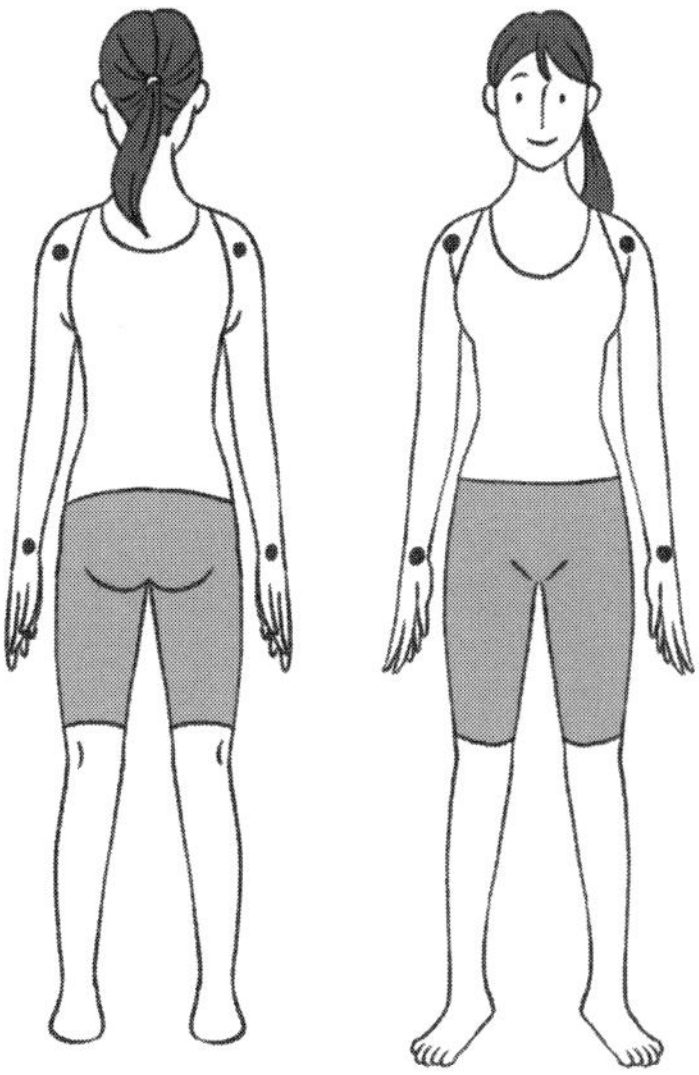

【脱力の方法】

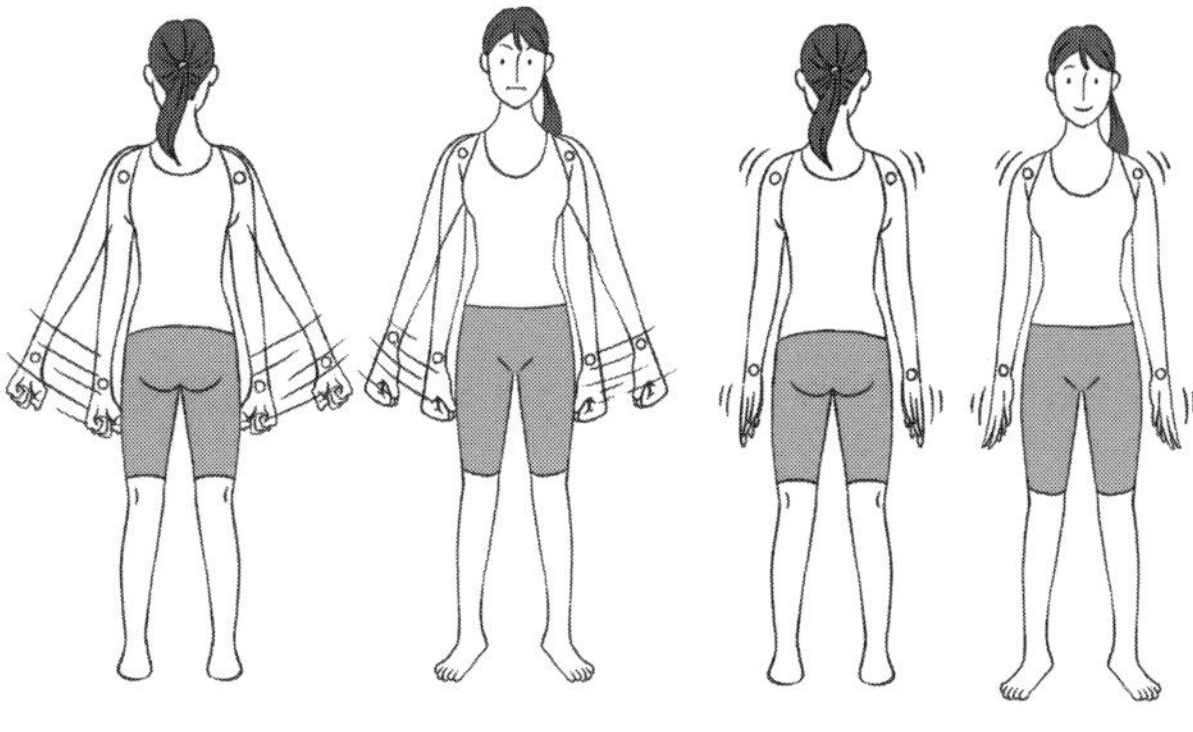

心と身体は繋がっていて、筋トレでも鍛えたい部分を意識しながらトレーニングをするとより効果が上がるとも言われています。緊張もそれ同じように、力を抜きたい部分を意識して、ゆっくりと軽くその部分を動かしながら、力が抜けていくイメージをするとさらに効果的です。

6度ホームラン王のタイトルを獲得した埼玉西武ライオンズの中村剛也選手は、「僕は試合前のティーバッティングはとにかく脱力をテーマにやっています。通常のバットよりも軽いバットで軽くゆっくりとバットを振るように意識しています」と話してくれました。実際にそのティーバッティングを見ても軽くゆっくりと楽に振って脱力ができています。

お話ししてきたように、緊張した時に自分の身体のどの部分が力むのかというクセを知り、試合後にその力みを取り除く対処法をしっかり練習しておけば、次からの試合にも安心して臨んでいけるはずです。その安心が結果としてリラックスに繋がっていくこともあるのです。

8（本番後）ストレッチをすることでリラックスするという条件づけを行う

試合後に大切になるのは、試合中の心身の緊張をいち早く取り除いてリラックスしていくことです。これがよく言われるオンとオフということになります。

変にズルズルと緊張の余韻を残していると、心身共に疲労感が出てきてしまいます。オンとオフの切り替えを早く上手にできるようになると、試合中の緊張のコントロールにも役立ってきます。

そのためには、何らかのオフのスイッチを作ると効果的です。それは簡単なストレッチのようなもので大丈夫です。ここでリラックスへと導くための3つのストレッチ方法をご紹介します。

①背伸びをして全身をゆるめるストレッチ

仰向けに横になります。そして万歳をするように両手を上に伸ばします。それからゆっくりと両手と両足を伸ばしながら、背伸びをします。その際、手と足の指先が上下に引っ張られるようにイメージで行ってください。この状態を30秒キープします。

②股関節の周りをほぐすストレッチ

床の上にあぐらの状態で座ります。両足の裏を合わせて、両手で足を包むように持ちます。息をゆっくり吐きながら、背筋を伸ばしながら上体を前に倒します。背筋が丸くならないところまで倒し、その姿勢を保ちながら呼吸を続けます。肘で太ももの内側を押し、股関節の周辺を伸ばすようにします。これを30秒行います。

③手足の力を抜くストレッチ

仰向けに横になります。両手と両足を空の方向に向けます。力を抜いた状態で、両手と両足をブラブラさせます。これを30秒行ってください。

試合後ですから、その後にミーティングなどもあると思いうので、これくらいで十分です。あくまでもリラックスへと導くためのスイッチとしてのストレッチになります。

ここで大切な点を一つお伝えしておきます。皆さんは条件反射という言葉を耳にしたことはありますか？　パブロフの犬の実験で有名なのですが、犬に餌を与える前にブザーを鳴らし続けていると、ブザーの音がしただけで反射的に犬の食欲が喚起されるというものです。

犬に限らず生き物はA＝Bという条件づけが継続されると、Aの刺激で条件反射的にB

が起こるのです。犬の実験で言えばAが「ブザー音」、Bが「食欲」ということになります。それと同様に皆さんで言えばAが「ストレッチ」、Bが「リラックス」ということになるのです。

ただし、この条件反射はこの同じ条件づけを繰り返し反復することが大切になります。その意味では、この条件づけのAの部分は「ストレッチ」でなくても良いということです。A「音楽」＝B「リラックス」でもいいのです。ただし、音楽も何か一つに決めておくことが重要です。

ここで余談ですが、これとは逆になる条件づけを指導したこともあります。世界チャンピオンになってくれた選手ですが、どうも穏やかな性格で試合の前になかなか闘争心が湧いてこないという選手でした。

そこでA「闘志の湧く音楽と闘志の湧くイメージのセット」＝B「闘争心」という条件づけを日常から繰り返し行いました。試合直前にその音楽を聴かせると条件反射的に闘争心が湧き上がるということです。

このようにスイッチを活用して条件づけをしておけば、リラックスへのスイッチを作り上げていくこともできます。そうしておけば、試合で緊張しそうになった時にもこのスイッチを入れると良いのではないでしょうか。

【試合後の３つのストレッチ】

①全身をゆるめるストレッチ。仰向けに横になり、ゆっくりと万歳をするように両手両足を伸ばしながら、背伸びする。この状態を30秒キープ。

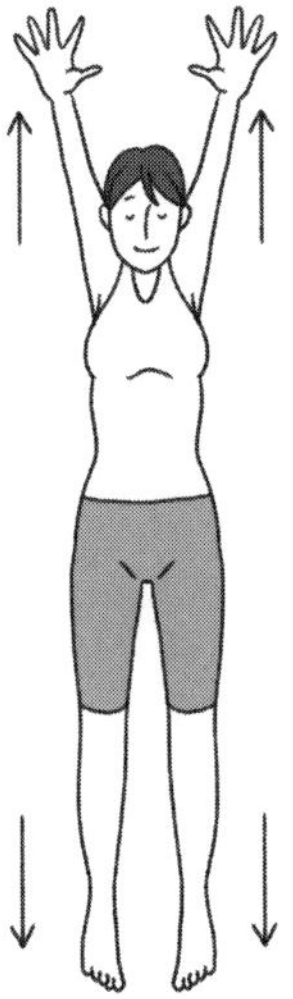

②股関節の周りをほぐすストレッチ。あぐらの状態で座る。両足の裏を合わせて両手で持ち、息をゆっくり吐きながら、上体を前に倒す。その姿勢を保ちながら呼吸を続ける。30秒間、肘で太ももの内側を押し、股関節の周辺を伸ばす。

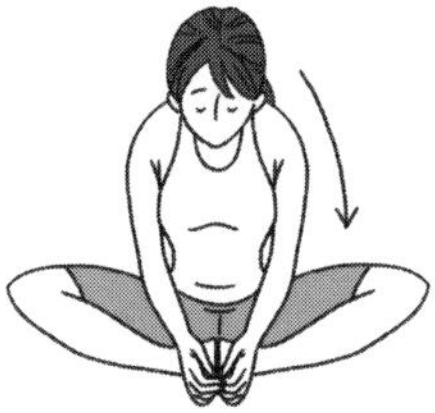

③手足の力を抜くストレッチ。仰向けになって両手と両足を上げ、力を抜いた状態で、30秒間、両手両足をブラブラさせる。

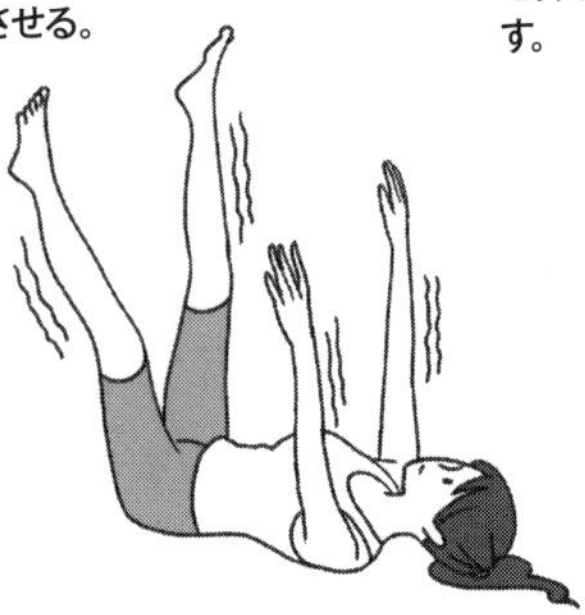

ストレッチ=リラックスを条件づけよう

9 （次に向けて）

リラックスするためのストレス解消の体操を心がける

現役のプロやオリンピックレベルのアスリートには、練習後に一人でできる運動をするように伝えることもあります。そのレベルの選手になると練習が厳しいため、過度な緊張やストレスを受けてしまうからです。

練習して疲労しているところにさらに運動を？　と疑問に感じた皆さんもいると思います。ここでいう運動とは身体を酷使する練習やトレーニングとは違い、練習で蓄積した緊張やストレスを解消するための無理のない軽度の運動を指します。

日頃から緊張状態に長時間にわたって自分をさらしていると、緊張グセのようなものが無意識のうちに作られていってしまいます。そうなると、心には緊張しやすい状態が作られていきます。それを防ぐため、練習後に緊張を抜いていくことが重要になってくるのです。

もちろん、上記のようなアスリートではなくても、皆さんも練習で緊張を強いられているようであれば、実践していくと良いと思います。

では、ここで言う運動とはどのようなものなのか説明しておきます。一定のリズムを繰り返す運動をすると、心の安定をはかる脳内ホルモン「セロトニン」の分泌が高まります。

運動強度は1分あたりの心拍数は最大心拍数の40~60%が理想です。運動しながらも人と話す余裕があり、心地良さを感じるくらいの負荷で、身体が温まり、軽く汗ばむ程度で、スッキリしたと思えるぐらいがちょうど良い感じです。運動時間は1日15~20分を目安にして、1回にたくさん運動を行うよりも継続することが大切です。

高校野球の二つの強豪チームには、練習と練習の合間にリズムに合わせた単純な運動を取り入れてもらっています。そうすることで、選手達もその都度、ある程度自分の中で緊張を抜いて次の練習に取り組んでいけるのです。

一つのチームは女性のダンス専門の先生がいらっしゃったので、音楽をかけながらそのリズムに合わせた軽いダンスのようなものにしました。もう一つのチームにはそれが難しかったため、次のような方法を実践していくことにしました。これは一人で皆さんもできると思いますのでご紹介しておきます。

ラダーがあればいいのですが、ない場合は地面に長い紐を一本真っ直ぐに伸ばして置きます。その一本の線に対して音楽を聴きながら――、

①前向きで右、左、右、左という具合に音楽に合わせ両足を揃えてトン、トンと線を跳びながら前へ進みます。

②今度は音楽に合わせて横向きで前足と後ろ足をトン、トンと入れかえながら前にに移動します。

③仮装ミニハードルを跳ぶイメージで、トトン、トトンとハードルを越えるように前に移動していきます。

これはほんの一例ですがアレンジはいろいろできます。このように音楽に合わせて無理なくリズム運動をするのは良いと思います。あくまでもトレーニングではありませんので、脳から「セロトニン」を分泌させるためのリズムに合わせた一定の単純な動きでいいのです。

他にも縄跳びで音楽を聴きながらリズムに合わせて跳ぶという方法でも良いと思います。自宅での場合は、音楽を聴きながらリズムに合わせて単純な自分なりのダンスでも良いでしょう。

このようにして次の試合や練習に向けて緊張している時間を減らし、緊張グセをつけさせないようにする工夫も大切になると思います。クセというのは長時間それを繰り返していくことで作られていくので、それを遮断していくように心がけていきましょう。

【ストレス解消体操】

①前向きで音楽に合わせ両足で左右に飛びながら進む。

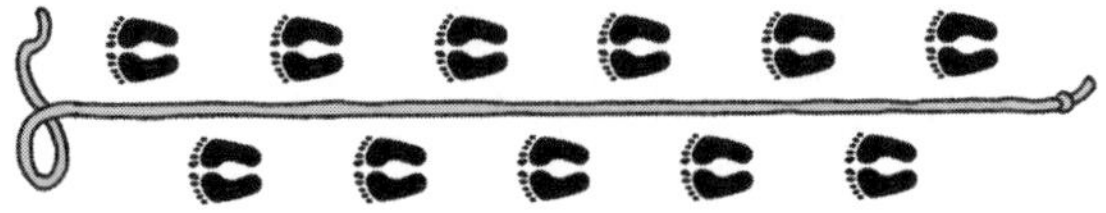

②横向きになり両足で前後に飛びながら進む。

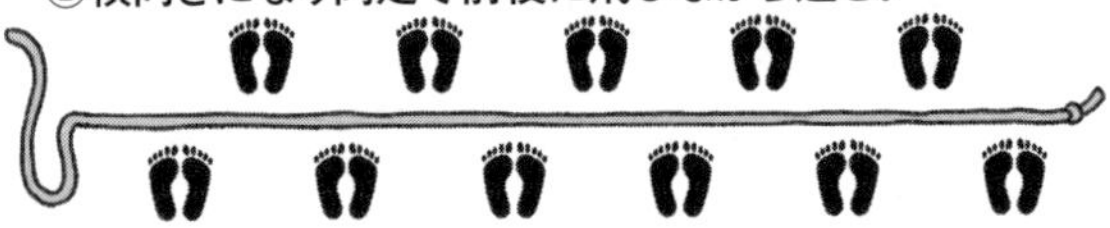

③ハードルを跳ぶイメージで、トトン、トトンと前に進む。

緊張グセをつけさせない
ために音楽を聴きながら
リズムに合わせてダンス
するのもお勧め。

(次に向けて)10 自律訓練法を取り入れてみよう

以前にオリンピック日本代表の射撃競技の女性選手のメンタルトレーニングをした際に「自律訓練法」を活用したことがあります。

その彼女は過度な緊張をする選手でした。本番になると手足の震えが酷くなり、嫌な力みもあるようで、繊細な射撃競技にとっては致命的です。前回のオリンピックでは、あと一歩のところで代表に選ばれなかったようです。しかし、「自律訓練法」を日々実践していく中で緊張をコントロールできるようになり、見事にその年のオリンピック日本代表に選ばれたのです。

「自律訓練法」は、1932年にドイツの精神科医ヨハネス・ハインリヒ・シュルツによって創始されました。自己暗示によって心身をリラックスさせ、気持ちの安定を図る方法です。

まず、「気持ちを落ち着ける」というトレーニング(背景公式)から開始し、6つのトレーニング（公式）を行って、最後に消去動作を行います。すべて終了するのに15〜20分間ほどかかります。毎日2回、継続して行うのがお勧めです。

【準備】背もたれのある椅子に身体が緊張しない、ゆったりとした姿勢で座って行います。ベルト、時計、眼鏡など体を締めつけるものは外して暗く、静かな場所で行っていきます。

【背景公式】「気持ちが落ち着いている」と心の中でゆっくり繰り返す。各公式の合間にもつぶやくとよいでしょう。

【第1公式】両腕・両脚に重さを感じるようにしましょう。利き腕に意識を向ける。利き腕が右なら、「右腕がとても重たい」と心の中でゆっくり繰り返す。逆の腕も同様に行います。

右脚全体に意識を向けて「右脚がとても重たい」と心の中でゆっくり繰り返します。逆の脚も同様に行います。両腕、両脚が重いことを感じてください。

【第2公式】両腕・両脚に温かさを感じるようにしましょう。利き腕に意識を向けます。利き腕が右なら、「右腕がとても温かい」と心の中でゆっくり繰り返します。逆の腕も同様に行います。

右脚全体に意識を向けてください。「右脚がとても温かい」と心の中でゆっくり繰り返します。逆の脚も同様に行います。両腕、両脚が温かいことを感じてください。

【第3公式】腕に意識を向け、「心臓が静かに打っている」と心の中でゆっくり繰り返します。

【第4公式】呼吸に意識を向け、「自然に楽に呼吸している」と心の中でゆっくり繰り返し、腹式呼吸を行います。

【第5公式】腹部、胃の辺りに意識を向け、「おなかが温かい」と心の中でゆっくり繰り返します。

【第6公式】額に意識を向け、「額が心地よく涼しい」と心の中でゆっくり繰り返します。

【消去動作】ゆっくり目を開けて、手を前に出し、力を入れてグーの形を作ります。そして勢いよくパーの形に開きます。このグーパーを何度か繰り返して終わりです。

試合で緊張を感じたのであれば、次の試合に向けてこの自律訓練法にじっくりと取り組んでみるのも良いと思います。

【自立訓練法】

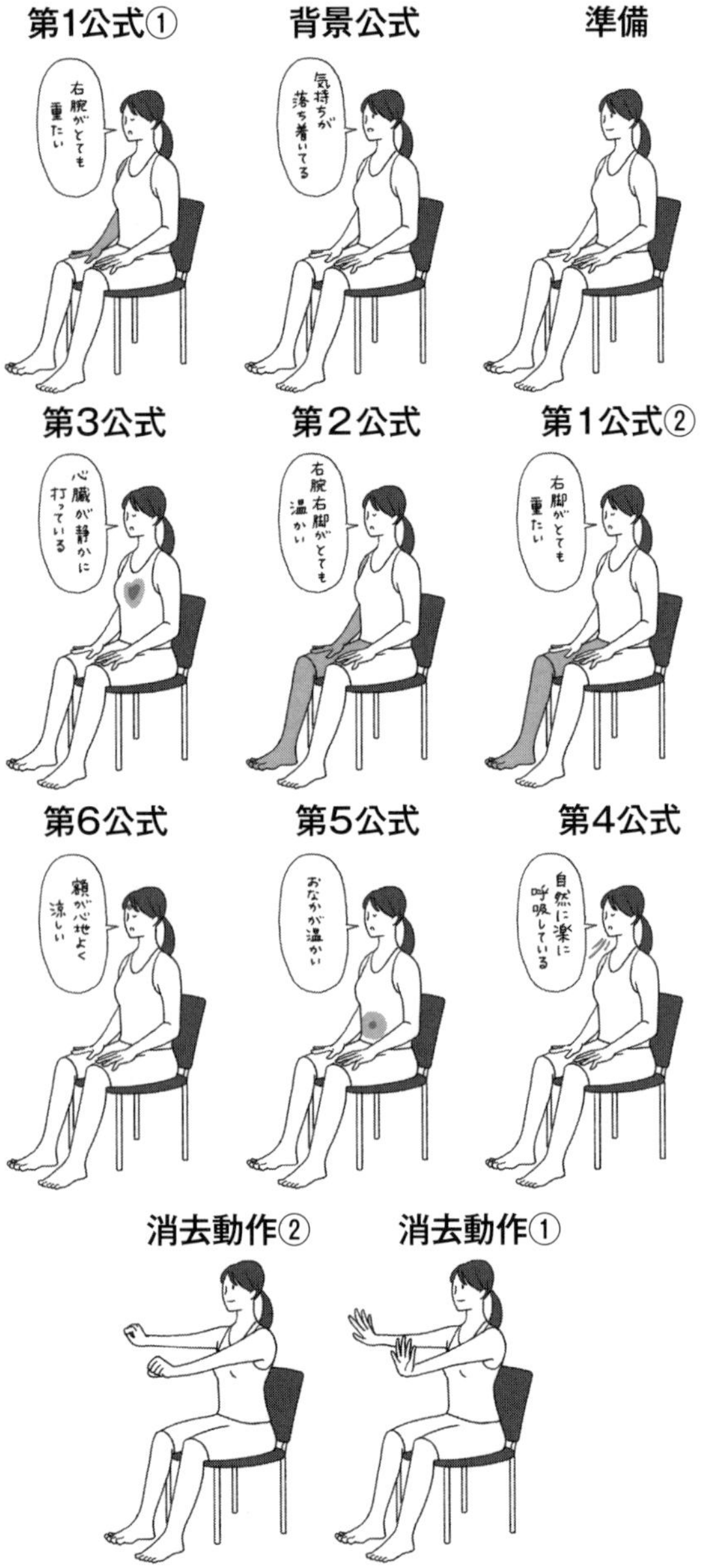
第1公式①
右腕がとても重たい
背景公式
気持ちが落ち着いてる
準備
第3公式
心臓が静かに打っている
第2公式
右腕右脚がとても温かい
第1公式②
右脚がとても重たい
第6公式
額が心地よく涼しい
第5公式
おなかが温かい
第4公式
自然に楽に呼吸している
消去動作②
消去動作①

第3章

正しい自信の身につけ方

1
（日常）

ベストを求めていきながらもベターでも許せる自分を作っていこう！

亡くなられた柔道の金メダリストの古賀稔彦さんとお話をした時に、とても印象に残る話をうかがいました。

「僕たち柔道家は、自分ができないこと、完璧にはなれないことを理解するために、あれだけの過酷な稽古を繰り返していくんです。中途半端な稽古では、すべてできたような気持ちになれるんです。しかし、とことん追求して過酷な稽古を積み重ねていくと、どこまでやっても完璧に到達できないことを知ることができます。

完璧を目指しながら完璧には絶対に届かない。それを知ることが柔の道なのかもしれません。そしてそれが人間が何たるものなのかを本当に理解することかもしれません」

と、おっしゃっていました。

選手はレベルが上がれば上がるだけ、失敗のレベルも上がるものです。人間は基本的に失敗する生き物です。失敗を否定している限り、どこまで高いレベルになっても自分を否定するしかなくなっていきます。

昔を思い出してみてください。今やっている競技を始めた当初はレベルも低く、失敗レベルも低かったはずです。それがどんどん失敗しないようになる代わりに、失敗レベルも高くなってきていることでしょう。

つまり、失敗ばかりに目を向ける引き算的な自己評価でいけば、どこまでレベルが高くなっても、自分は失敗してしまうダメな選手という否定的な評価になるということです。それだったら、レベルが高くなる度にできるようになったことを足し算的に評価していきたいものです。

自己否定と自分に厳しいというのは似ているようで、まるで違うことなのです。ここを勘違いしている皆さんも多いのではないでしょうか。

もちろん、好きな競技を上達させていきたいという思いがあるので、10割の精密機械を目指し、日々の練習で精進を重ねていくことは大切です。しかし、結果としては7割失敗をする人間としての自分自身にもっと慈《いつく》しみを向けてもらいたいのです。

「自分はたとえ3割を超えて首位打者に輝こうが、野球選手である以上は10割打者を目指しています。まあ、開幕戦でその目指すものは打ち砕かれますが、それでもそれ以降はそこからの10割を目指すんです」と口にするプロ野球の3割打者を例に取るとするなら、10

割を目指していけば、7割の失敗はダメなものというよりも、何よりも生きた学びになるはずです。

そうすれば1分でも1厘でも、7割の失敗を減らしていける可能性が出てきます。最初から3割の成功を目指して、7割失敗する人間としての自分自身を否定して憎んでいたら、逆に7割の失敗は1分、1厘と増えていくことでしょう。

人間は失敗する生き物である以上、そんな自分自身を肯定しながらも、10割を目指して日々真剣に精進していくことこそ大切になってくるのです。7割の失敗をどのように見ていくかはとても重要です。それらの失敗を成功に繋げるか、さらなる失敗を繰り返していけるのかは、自分自身の捉え方の問題になってくるのです。

3割を目指しても3割を割っていくだろうし、7割の失敗をする自分を憎み否定をしても3割は割っていくような気がします。自信を持って成功に繋げていくためには、高みを目指しながらも同時に失敗する自分自身を労り認めていく心も大切になってくるのです。

自分を甘やかすのではなく、自分を許してあげることを覚えていきたいものです。許してあげられるからこそ、自分自身を認めてもいけるのです。

厳しく挑戦しても失敗することもあります。失敗した自分を甘やかすのではなく、許してあげて、また次に厳しく挑戦していけばいいだけのことです。自分が自分自身をしっかり認めていきましょう。失敗した自分を許せずに責め続けてしまうと、自分自身が消耗していってしまいます。そうしたら、次への挑戦にも自信を持って臨めなくなってしまうことでしょう。

自分を甘やかして楽なほうへ、楽なほうへと流れてしまうのは危険ですが、真剣に自分が立ち向かったのであれば、結果は失敗であってもその結果と自分自身を許してあげる強さも必要な気がするのです。

（日常）2

あなたの中にいる二人の自分、感情君と理性君 理性君をしっかり育てていこう！

指導する大相撲の力士の一人が、「常々、頭をしっかりと使える選手はメンタルを上手にコントロールしていけると言われていた意味が、このトレーニングをしてみて初めて心から理解できました。僕はいとも簡単に感情に流されていたんだと、やってみて自覚できました。結果でしか自信はつかないと思っていましたが、違いますね」と言っていた方法をここではご紹介しておきます。

唐突な質問になりますが、皆さんは何かがどうしても欲しいと思った時に万引きをしたことがありますか？　もちろんありませんよね。それは「どうしても欲しい」という自分の感情を自分の理性が、「万引きしたら警察に逮捕され大変なことになる」と自分の頭の中で説得できたということになります。

人は自分の中にこのように感情君と理性君がいるのです。さらには感情君は突如として自分の中に勝手に出現してきます。それに対して、理性君は自分が意識して考えることで出現させることができるのです。さらに言えば、感情君はコントロール不可能で、理性君はコントロール可能とも言えるかもしれません。

人間は自分の中での二人のバトルが行われているのです。感情君が勝てば、感情に振り回されてしまいます。理性君が勝てば、冷静に自分をコントロールしていくことができるということです。

心の不安や悲観はネガティブな感情です。そのまま放置しておけばどんどんその感情は大きくなり、どんどん自分の自信を喪失していってしまいます。そうならないためには、より早い段階でそうしたネガティブな感情を、理性で自分が自分自身に説得して潰して消していくことが重要になってきます。

例えば練習中にミスをして、「あぁ、自分なんて下手でどうしようもない……」というネガティブな感情君が湧き上がってきたとします。そのまま放置しておけば、それが積み重なっていくことでどんどん自信は喪失していくことでしょう。

しかし、理性君が登場して、「練習は巧くなるためにある場所なんだから失敗していいから、攻めたプレーをしていくことが大切なんだよ。失敗しないような守りのプレーをしていてもそこからの上達はないんだから」と説得してあげられれば、ミスに対してのネガティブな感情が静まり消えていくかもしれません。

この理性君を強くしていけば、感情に簡単には流されない自分自身を作り上げていくことができます。この理性君を高めるために、メンタルトレーニングを行う選手達とはロールプレイング議論をするようにしています。

選手にネガティブな感情が湧くようなお題を与え、まずは選手が感情君の役割を演じ、お手本としてメンタルトレーナーの自分が理性君の役割を演じてとことん議論するのです。最終的には感情君を演じる選手が、議論で負けましたという段階まで行います。

そして今度は、その反対を行います。メンタルトレーナーの自分が演じる感情君が負けましたという段階まで、選手には理性君として頑張ってもらいます。選手は最初の頃は簡単に理性君を諦めようとしますが、逃がしません。そうしていく内に次第に選手の理性君も磨かれていくのです。皆さんも親や先生と行ってみてください。

理性君を磨いていくためには、物事を長期的に短期的に見れる視野や幅広い視野、様々な角度から見ることができる視野などと同時に論理的な思考力などが大切になります。こうしたことをロールプレイングを通して、楽しみながら身につけていってもらいたいと思います。

卵が先か鶏が先かという話になりますが、結果が出るまで自信が持てないとすると、裏を返せば自信が持てないのに結果は出るのか？　ということでもあるのです。

そうならないためにも常日頃からの理性君の育成がとても大切になってくるということです。

3（準備期間）

自分のできることとできないこととをしっかり整理しておこう！

北海道日本ハムファイターズの栗山英樹監督とお話をした時、このような話をされていました。

「僕がヤクルトにテスト入団してすぐの頃、周りが凄い選手ばかりで一気に自信を失い、少し精神的にもキツくなってご飯が食べられなくなったり、夜眠れなくなったりしたんですね。大学ではかなりの自信を持っていたのが打ち砕かれたんです。

その時のコーチが、『栗山、最初から90点の選手と、60点の選手が80点になったのとどちらが凄いと思う？』と質問されたんですね。その時にハッとして、そこから僕の本当の意味でのプロ野球生活が始まったんです」と。

例えば勉強で小学校の1年生は足し算や引き算はできますが、因数分解はできませんよね。小学校の1年生で勉強ができると言われる子どもは、そのできることができているだけのことです。勉強ができると一括りに言っても漠然としています。勉強の何ができているか、できていないのかを細分化して考えていくことが大切なのです。

これは、皆さんの取り組んでいる競技でも同じです。野球が巧いといっても投げるのが巧いのか、捕るのが巧いのか、打つのが巧いのか？　その中でもどのレベルで巧いのか？ここをしっかりと理解しておかなくていけません。

さらに言えば、皆さんは自分が巧いとか下手とかを誰かとの比較の上で決めてはいませんか。プロ野球選手と比較すれば下手かもしれませんが、小学生と比較すれば巧いとも言えるのです。あるチーム内においても、そのチームの中では巧いかもしれませんが、他のチームの誰かと比較すると下手かもしれません。こんな比較をしていても本当の自信は身についてはいかないでしょう。

上を見て比較して得られるのは劣等感です。下を見て比較して得られるのは優越感です。では、優越感が自信になるのであれば、下ばかり見ていればいいということになります。しかし、皆さんもそれは違うということは理解できるはずです。

上ばかり見て、今の自分との実力差を見て、無力感や絶望感を感じるよりも、今の自分の実力を冷静に受け止めて、少しずつでも上を目指して一歩ずつ実力を高めていけばいいだけのことです。

もちろん、競争があるのがスポーツでもあります。しかし、究極は誰かと競争するにしても、やれることは一歩ずつ自分の実力を高めていくことだけなのだということをしっかりと理解しておいてもらいたいのです。

上にいようが、下にいようが、常に自分の実力を高めていくだけのことなのです。そして、実力がつけば、気づけば上にいたという感じが一番良いでしょう。上で傲慢になっているのも違うし、下で絶望しているのも違うのです。やれること、やることは他の誰かれに関係なく自分の実力を高めることだけです。

常に一歩先の自分を追いかけていき、一つでもできないことをできるようにしていけた自分自身に対しての自信こそが、本物の自信になるはずです。そのためには、誰かや周りに対しての負けず嫌いよりも、自分が自分自身に対して負けず嫌いであることが大切になります。

誰かや周りと比較して優越感や劣等感を感じるよりも、今日の自分が昨日の自分をほんの少しでも乗り越えられたことを自信にしていけばいいのです。周りを気にしてキョロキョロしている暇があったら、もっと真剣に自分自身を見つめてみるようにしましょう。

もし、自分が自分自身に負けているようなら、その時点で他人に対して負けず嫌いがどうのこうのという話ではないのです。

大事なことは、やることもやらないで、人と比較して自分はダメだと落ち込むようなことをしないことなのです。そんなことをしていては、いつまでも自信を育てていくことはできません。

たとえ小さなことでもいいのです。できないことを自分の力で少しずつでもできるようしていけたという自分の中での進化こそが自信なのです。

4 （準備期間）

本番で起こりうるマイナスな感情が生まれそうな状況をメンタルリハーサルしておこう！

試合を今までもやってきているわけですから、何となくではあったとしても自分の心が動揺してしまいそうな状況は予想がつくと思います。試合中のこの心の動揺が諦めの心理に傾いてしまうと、試合中にもかかわらず自信を喪失してしまう危険性があります。

動揺して慌ててしまい、「あっ！　これはヤバイ！　どうしよう？」と感じた時には自信喪失に傾く黄色信号です。

ここで、試合に向けての準備期間でやっておいてもらいたいのが、メンタルリハーサルです。これは陸上の中距離のオリンピック日本代表の選手に行っておいて、本当に良かったと安堵した方法でした。

短距離走とは違い、中距離走は選手同士の駆け引きがあります。オリンピック代表を選出する日本選手権に向けて、メンタルリハーサルを徹底して行いました。イメージの中で試合中に起こりうる様々な状況を仮想体験して、その状況で選手自身がどのように感じたり考えるのかを一つ一つ丁寧に聞き出していきます。

例えば、スタートで少し出遅れた状況、途中（50メートル刻みくらい）で誰かに追い越された状況など、細かく約300通りの仮想体験とその時の心の動揺を聞き出すのです。

それに対して、その心の動揺が自信を喪失させてしまいそうな状況を抽出していき、一つ一つその時に自分が自分自身にどのように言い聞かせれば自信を喪失していかなくてすむのかを教えたり、一緒に考えたりしました。そうして修正したものを、またイメージの中で何度も繰り返し記憶させていくのです。

その反復トレーニングにより、本番の日本選手権で走っている際、メンタルリハーサルとほぼ同じような状況に直面した時にも冷静に考えて対処でき、見事にオリンピックの切符を手にしてくれました。

人間は不意討ちに会った時に心は動揺してしまいます。しかし、何度も体験して学習したことに対しては、冷静に受け止めることができます。物理的には何度も経験ができないことを、イメージの中で仮想であったとしても体験を積み上げておくのがメンタルリハーサルなのです。

イメージには主観的イメージと客観的イメージとがあります。主観的イメージは簡単に言えば、走っている時の自分の目で見えている景色です。客観的イメージは、競技場の観客席から見ている全体の景色です。このメンタルリハーサルにおいては、主観的イメージのほうが効果的だと思います。

このように試合で自信を喪失してしまいそうな状況を徹底的に洗い出し、自信を喪失しないように予行演習を十分過ぎるくらいにやっておくことで、本番では慌てなくてもすむはずです。

スポーツの場合、単なる出たとこ勝負、当たって砕けろ！　では、本当に状況によってはそのまま砕けて終わってしまいます。やはり、練習だけではなく心の練習（準備）もとても大切になっていきます。

冒頭の中距離走の選手は、「メンタルリハーサルの途中で細かすぎて嫌になりそうになりましたが（笑）、徹底してやっておいたから、最高の結果を手にできました」と喜んでくれました。

最後に選手によく話す言葉を添えておきます。

「やることをやったけど、駄目でした……。そう口にする前に、本当に徹底的にやったのか？　と自問自答してみたほうがいい。

中途半端にやることをやって、駄目だったけど、自分はやることをやったから満足……では、勝負事ではもの足りない。

どうすれば勝ちを引き寄せられるのか？　そのレベルの『考えた』とか、『やりました』という言い訳はいらない。

結果にこだわるというのは、結果を見て一喜一憂することではなく、結果を出すためにどれだけ最大限の方策を導き出せたのか、そしてそれを徹底的にやり抜いたかどうかにある」

5（本番）自分の実力の90％の目標から、110％の目標とのW の目標設定をしてみよう！

そもそも自分で目標を立てて、その目標が自分でプレッシャーになり、結果として目標を達成できない。そのことで自信を失っている皆さんも多いのではないでしょうか。

よく考えてみると、自分の実力で普通に届きそうなところに人は目標を置きませんよね。

つまり、少しあるいはかなり高く目標を設定してしまっている可能性があるのです。

参考までにスポーツ心理学では、自分の実力の110～120％の目標設定がいいとされています。少し難しいけれど、自分のやり方次第では届くかもしれないというラインです。逆に高すぎる目標では、目標を立てたものの挑む前からどうせ無理だろうという心理が働いてしまいます。

しかし、本人がそう決めた目標であれば、そのこと自体は悪いことではありません。スポーツはいろいろなことが重なれば、不可能に思えるようなことでも、場合によっては可能になるのですから。仕事柄そのようなケースもたくさん目にしてきました。

問題は達成困難な最高の目標だけを置いているという点なのです。最低ラインの目標も設定しておく必要があるのです。

では、最低ラインの目標とは自分の実力に見合った目標でいいのかということですが、それよりも少し低めの設定が大切です。これまたスポーツは何が起きるかわかりません。五分五分の目標では、達成できずに終わる可能性もあるのです。自分の実力の100％の目標ではなく90％の目標にしておくのです。

つまり、目標を90％～120％の間に幅を持たせておくことです。もちろん、最低ラインを目指すということではありません。目標を達成できずに毎回、敗北感や無力感ばかりを感じないようにすることが目的です。

そんなことが毎回続いてしまうと当然、自信も喪失していきます。そして、試合に向かう度に打ちのめされていけば、だんだん目標を立てるもののどうせ無理だろうと考えるようになってしまいます。

目標に幅があれば、そのどこかに収まって達成できるかもしれません。仮にそれが最高ではなくても、立てた目標に到達できたという達成感は味わうことができるはずです。この達成感の積み重ねが自信に繋がっていくのです。

プロ野球選手達には毎プレー前にこの幅のある目標を立ててもらいます。ランナーがいるケースでは、最高の目標はヒットを打つことだとすると、最低の目標はしっかりと進塁打を打つというぐあいです。

ヒットを打つという目標だけでは、打率が3割あったとしても7割失敗する可能性があります。ヒットを打てなければ、目標を達成できなかった無力感を味わう打席になってしまいます。結果として進塁打を打てたとしても目標は達成されていないことになります。

しかし、進塁打を打つということも目標の範疇であれば、目標を達成する確率は遥かに高くなるのです。最低でもそれができれば、達成感を味わえる一打席になるのです。「今日の試合は一つ一つ自分の立てた目標を達成できている」と感じながら次のプレーに移っていけるのです。この心のリズムは試合中には大切なものです。

もちろん、幅のある目標でもその範疇の中ですべてが達成できるわけではありません。

しかし、達成できる可能性は最高の目標だけよりも高くなります。それに加えて冒頭の目標を立てて、目標がプレッシャーになってという部分が緩和されるだけでもいいのです。

巨人からメジャーで投手として活躍された桑田真澄さんと話した時、このようにうかがいました。

「投手はマウンドに立つと一点も取られたくないし、一本もヒットを打たれたくない生き物です。でも、それだと試合中に次々と心が打ち砕かれていくんですね。だから、試合前に今日の相手投手と味方の打線を考えて、例えば3点は取れるだろうと計算し、2点までは取られてもオッケーとしておくんです」

これも、ここでお話した目標設定に近い考え方だと感じます。

6（本番）

上手くできた時は自分の実力のせい、失敗した時は運やコンディションなど実力以外のせいにしていこう！

自信を育てやすい人と自信を失いやすい人の一つの傾向として、次のようなものがあります。

自信を育てやすい人は、【成功した時】＝自分の実力の成果。【失敗した時】＝環境や運の悪さなど自分の実力以外の原因、という考え方をしています。

逆に自信を失いやすい人は、【成功した時】＝環境や運の良さなどの自分の実力以外の要素。【失敗した時】＝自分の実力不足が原因、という考え方をしています。

皆さんもプロ野球を観戦していて、選手がエラーをした時などグラブを手でポンポンと叩いたり、足でグランドをならしたりという光景を目にしたことがあると思います。これなどは、エラーした原因をグラブやグランドに転嫁している行動です。それを取り除いたから次は大丈夫という考え方です。

もちろん、試合後に反省するのはいいとしても、試合中は自分の実力不足と自信を喪失して落ち込んでプレーを続けても何のプラスにもなりません。そうなると二次的なミスにも繋がっていきます。

自信を失いやすい人の特徴は、悪い事態は長く続き、自分は何をやってもうまくいかないだろうし、それは自分が悪いからだと思い込み、自分自身を強く責めてしまうことです。

そうなってしまうと一つのミスで、その日全体の自信がガタガタと崩れやすいのです。

そうならないためにも、試合中はもとより日頃の練習の時から自信を育てていきやすい冒頭の考え方を習慣にしていってもらいたいと思います。

日本人にはこの自信を失う考え方の人が多いのです。その原因になるのが、日本の文化によるものも大きいと思います。上手く物事が進んだ時には周りに感謝しなさい、物事が上手くいかない時は責任転嫁や言い訳をせずにしっかりと自分自身の問題として反省しなさいと教えられてくる中で、無意識のうちにそのような考え方が刷り込まれてしまっているのかもしれません。

特に部活動などでは、そうした考え方が主流だったりもします。その考え方自体は決して悪いものではありません。しかし、それが過度になり過ぎると選手達は自分で自分自身を自己否定をするようになっていきます。

ある高校のバスケットボール部で、練習試合で負けた選手達にあえて、「今日は相手が一枚も二枚も上だったね。相手が強すぎたね」とわざわざ伝えると、選手達は口々に「完全に僕達の実力不足です」と返答してきます。

「いやいや相手が強かっただけだから、そんなに自分を責めるなよ」と伝えても、「いえ！自分達の力のなさがダメなんです」となります。

実はこれは同じ内容なのです。表現を変えているだけなのですが、彼らは他に上手に責任転嫁するのではなく、自分自身を責める考え方が刷り込まれているのでしょう。このように自己否定を繰り返していくと、自信はどんどん喪失していきます。

あるJリーガーは、「本音と建て前があるじゃないですか。勝った時には、応援してくれたサポーターの皆様のお陰です！　と答えていますが、本当は俺の実力は凄いだろ！と言いたい選手は多いと思います。だって、どれだけ応援されても俺に実力がなければゴールは決められないですから」と言っていました。

このように言葉とは裏腹に、プロのアスリートは心の中の本音では自信を育てていくための考え方ができているのです。自信を育てる考え方の基本にあるのは、自分自身の自己認識をポジティブにしていくことでもあります。

ただし、上手くいかないことを上手に責任転嫁することで、自分の実力に自己満足することとは違います。あくまでも実力を常日頃から高めていくことは、言うまでもなく大切なことです。

そうした認識の上で皆さんも自分が自分自身にしっかりと自信を育てていってもらいたいと思います。そのためにも新たな考え方を身につけていけるといいでしょう。

7（本番後）

あえて本番直後は敗因を探さないようにしてみよう！

スポーツに限らず、結果としての敗戦から逆算すれば、どんなことでも敗因はいくらでも見つかります。負けたわけですから、その目線で見れば、あらゆることが敗因に見えてくるものです。

しかも、試合直後は気持ちも落ちていると思いますから、ますますあれも悪かった、これも悪かったとなってしまいます。自分の心の悪かったというフィルターを通して見れば、例えば積極的に行ったプレーも無謀なプレーに思えてきたり、丁寧に行ったプレーも臆病なプレーに思えたりしてきます。

それではどんどん自信は失われていきます。そうなると怖いのが、敗因がこんなにもある、今まで自分は何をやってきたんだ、今までやってきたことは無駄だったんじゃないかとなってしまうことです。今までやってきたこと、過去から今までの自分自身をすべて否定してしまうことになります。

そんな状態でじっくりと敗因を探すことで、さらに今日の試合の印象が、自分がダメだった試合というマイナスイメージとして強く記憶されていってしまいます。

そもそも試合直後というのは自分の頭の中もしっかりと整理されていませんから、原因探しをしたところで抽象的な内容が多いものです。

「気持ちの入った投球ができなかった」「甘いボールを打ち損じた」「打球をグラブではじいてしまった」こういった抽象的な内容では次には繋がりません。それはただのダメ出しです。

そうではなく具体的な内容が大切になります。それには本人もしっかりと考える時間が必要です。そして、内容も「~~が悪かった」ではなく、「次は~~を改善していけば、もっと巧くプレーできる」という具体的な改善策の内容こそが大切なのです。

本人の中で次々にダメ出ししてそのまま放置してしまうことは、自信を削り捨てるような作業になってしまいます。そういう意味でも、試合直後に敗因を探さないようにしていきたいものです。

傷口に塩を塗るようなことをすれば、痛みはひどくなるし、治りも遅れてしまいます。反省は試合から数日経って心が落ち着いてから冷静に考えればいいことです。

負けた試合直後に探すとすれば、その敗戦の中でも良かった部分を探していくことです。

これは試合に対してのマイナスイメージを払拭し、自分の自信の喪失を防ぐためでもあります。そして、そこには今後を見据えていくという意味もあります。

敗戦直後に気持ちが沈んでいる状況でも良いところを探していく。この作業は、今後の試合でどんな悪い状況に置かれたとしても、その状況を打破するためのプラスの要素を探しだしていこうとする思考作りの練習にも繋がっていきます。

また、自信を失いやすい人に共通する自身の悪い部分ばかりに目がいく自分に対しても、良い点を探していくという習慣に繋がっていくのです。

指導するプロやオリンピッククラスのトップアスリート達には、試合後だけではなく、ミスしたと思うようなプレーに対してもそのプレー直後に良いところを瞬間的に10個見つけるように伝えています。

最初は一つ見つけるのもなかなか大変だったりします。ついつい長年の習慣で自分を責めて粗探しをしてしまうのです。しかし、見つける習慣がついてくるとできるようになります。

実際に10個は見つかりません。でも、瞬間的に10個探そうとしていけば、3個から4個は見つかるものです。それでいいのです。そうしていけば、次のプレーに向けて自信を持って臨んでいけるのです。

試合直後も、このミスプレー直後というのも、この「直後」というのが大切なのです。直後というのは、脳も起こったことに対して曖昧な認識の状態なのです。この曖昧な認識は、直後に自分がミスの粗探しをすればマイナスの認識が強くなるし、自分が良いところを探していけばプラスの認識が強くなるのです。

8 （本番後）「もし」を活用して、できなかったプレーをできたことにしてイメージの中で再試合を行ってみよう

前項でも触れましたが、負けた試合を振り返り、「あの場面でミスしてしまったから」「あそこでこのプレーができなかったから」と試合の中で一つ一つのプレーを減点法でバツをつけていっても自信を失うだけで、あまり良い効果は期待できません。それなら加点法で試合を振り返り、マルを探していくほうがいいとお話をしました。

しかし、部活によっては試合後に長い時間をかけて悪いところ探しをするチームが多いのも事実です。それは個人ではどうしようもないことです。そんな場合どうするのか。悪

いところ探しをしながらも、イメージの中で再試合を行うのです。

例えば、勉強のテストで間違えた箇所を見直してみると、不正解のところも簡単な計算間違えやちょっとした勘違いだったり、正しい解き方を教われば正解できたような気持ちになりますよね。そういったところを修正して、頭の中で再テストしてみるとかなり高得点を取れるはずです。

スポーツの試合も同じです。ケアレスミス程度のミスプレーなら、次は注意してやれば普通にできます。そのようなミスなら、そのプレーはできたことにすればいいのです。間違った動きのプレーに対しては、身体の使い方を改善していけば次はできるなと感じたのであれば、そのプレーもできたことにすればいいのです。

できなかった原因がわからないプレーに対しては、指導者にどうすればできるようになるかを聞いて次までにそれができると感じるのであれば、それもまたできたことにすればいいのです。

このように、できなかったプレーやミスをできたことにして、イメージの中で同じ試合展開を再試合をしてみると案外勝ててしまっているかもしれません。そうすれば、自分の中でもあと少しの差だったんだなと思えるはずです。

バツがたくさんついているだけの解答用紙を漠然と見つめているだけでは、絶望的な気分になり自信を失っていきがちです。だが、こうしてできたこととして再試合をイメージすれば、気持ちも変わってくることでしょう。そして、「できない」を「できる」にするための具体的な方法も理解できれば、その方法に対しても前向きに取り組んでいけるのです。

試合直後に粗探しの反省会が仮に開かれるのであれば、それを聞きながら自分の頭の中で敗因の数々をバツからひとまずサンカクに変えれそうなプレーは、そのサンカクをマルにする方法を考えるのです。その方法が見つかれば、マルにしてしまえばいいのです。サンカクからマルへの方法が見つからないプレーやバツのまま残るプレーは、後で指導者に聞いて教わればいいのです。

スポーツに「もし」はないと言われますが、イメージの中ではどんどん「もし」を活用してください。サンカクからマルへとできたプレーが、その場面で「もし」できていればと想定して考えていけば、大きく自信を失ってしまうということはないはずです。「もし」サンカクさえマルにできれば、あわよくばバツをマルにできればと考えれば、勝てたり、実際の試合以上に良い試合ができる――。これをイメージの再試合で体感できれば、モチベーションも高く取り組んでいけることでしょう。

バツだらけの解答用紙を見て自信が湧いてくる人はいません。しかし、そのバツの大半がマルの見えるサンカクだったとしたらどうでしょうか？　感じ方はまるで違ってくることでしょう。自信も保っていけると思います。

実はこの方法は中学校の数学の教諭をしている知人から、子ども達の数学の苦手意識を消していくために何か方法はないかと相談を受けて考え出した方法です。とても効果が上がったようなので、スポーツにも応用するようになりました。

9（次に向けて）漠然とした根拠のない自信を、明確な根拠のある自信へとモデルチェンジさせていこう

千葉ロッテマリーンズで２０００本安打を達成し、ミスターロッテと称された福浦和也さんは現役時代、試合後に自分の試合でのバッティングを録画で何度も繰り返し見ていました。それがヒットであったとしても自分の納得のいく打ち方でなければ、スロー再生してその打ち方をひたすら2時間くらい見ていました。

そして、仲の良いサブロー選手にもアドバイスをもらいながら、その場で身体を動かし

ながらあれこれと徹底的に検証していました。こうした光景をロッカールームで何度となく目にしたものです。こうした積み重ねこそが偉業達成の根幹にあったのです。

結果良ければ、すべて良し。これも時には大事なのですが、やはりその過程や内容にしっかりとした確信や根拠がなければ、それはたまたま結果が良かったということで終わってしまいかねません。

例えば、野球のバッティングを例にとると、どれだけバットの芯で正確にボールを捉えて強いライナーを打っても野手の正面に飛べば捕られてアウトです。反対に打ち損なってもたまたま打球が内野と外野の間にポトンと落ちればポテンヒットになります。

目先の結果だけで考えればポテンヒットのほうがヒットを打てて良かったとなりがちですが、それでは次に繋がらない、その時だけの結果で終わってしまうでしょう。それでは安定した結果は残していけないのです。結果が良かったからと言って浮かれてしまい、大切な過程や内容から決して目を背けてはいけません。過程や内容はいくらでも改善していけるのですから。

結果ばかりを求めすぎて過程や内容を突き詰めていけなければ、すべての結果が行き当たりバッタリになってしまうことでしょう。正しい過程をしっかり踏めていれば、正しい内容になります。目先では結果は良かったり悪かったりしますが、長い目で見れば正しい過程の先には正しい結果の確率は高くなっているものです。

その福浦さんが現役の時によく言っていたのが、「自分の中でのバッティング理論があります。その理論と結果とがそれなりに結びついている時には自信を持てますが、長いシーズンの中では何となく打てているという時もあるんですね。そういう時は結果が出ていても凄く不安になります。そういう時こそ自分のバッティング理論に立ち返るようにしています」ということです。

根拠のない自信も大切だが、その自信を裏付けていく根拠のある自信はもっと大切になっていきます。「何となく自分はやれる!」から、「自分は、なぜやれるのか?」の根拠を明確に持てるようにどこかで自信のモデルチェンジをしていかなくてはいけません。

結果が出なくなって根拠のない自信が崩れる前に、自信の礎となる根拠を構築していくことがとても重要になるのです。根拠のない自信が崩れ去ってしまうと、なかなかそこから根拠ある自信も積み上げていきづらくなります。

根拠のない自信は量でも補っていけますが、根拠ある自信は質でしか積み上げていけないのです。漠然としたものの積み重ねでは根拠は持てません。根拠は頭をフル活用して考え抜いていかなくては手にすることはできないものなのです。なぜ?　なぜ?　の探求する姿勢こそが、根拠をより明確にさせていってくれるのです。

何となくやれる気がするという漠然とした自信では、何となくできない気がするという大きな不安を抱える日も近いだろうと思います。なぜ、自分はやれるのかという明確な自信を身につけていきたいものです。

皆さんも何となく漠然と目先の結果に左右されて自信を持てたり持てなかったりを繰り返すのではなく、内容や過程にしっかりとした根拠のある揺るぎない自信を身につけていってもらいたいと思います。

（次に向けて）10 本番での自分の映像を見て、自分が自分自身の心の変化を解説して客観視力を高めておこう！

現在、メンタルを指導しているサッカーの日本代表の選手は、「日本代表の試合中はなかなか客観的に自分が自分自身を見られない部分もあって、瞬間、瞬間に自分がどのように考えていけば自信を維持してプレーを続けられるのかが悩みです」という問題を抱えていました。

そこで、次のような方法を実践してみました。Jリーグでの試合と日本代表の試合のまずは二つの録画を用意しました。そして、その録画を見ながら、その選手にはサッカー解説者になってもらいます。自分のプレーをメンタル面に比重を置きながら、ずっと解説してもらいます。その解説を音声で録音しておきます。

するとJリーグでの試合の時には、自然に「この状況では冷静な判断のもとにここにパスを出しています」とか、「ここは当然、シュートを決められると思ってポジショニングを考えていますね」などという言葉が多いのに対して、日本代表の試合の時には「ここはちょっと気持ちが引けて遠慮しちゃってますね」とか、「この状況でこのポジショニングを取るかどうか迷いを感じます」という感じの言葉が多かったのです。

解説を終えて、今度は録音した音声だけを聞かせます。日本代表の試合の解説の録音を聞き終わったその選手の感想は、「Jの時とまったく違いますね……。自分の声を聞きながら気持ちが凹んできます。何か途中から聞いているのが嫌になっちゃいましたよ。これじゃあ、自信もなくなりますよね」というものでした。

まさに試合中も無意識にその解説のように、自分が自分自身に心の中で語りかけているということ（セルフトーク）を自覚していくことからのスタートです。

次に再度、日本代表の試合の録画を見ながら今度は解説者としてではなく、指導者になったつもりで画像の自分に声をかけるように伝えました。すると「よし！　そのケースは今まで何度も経験してきているから大丈夫！」とか、「そこは自分を信じてポジショニングを取っていけ！」という言葉が増えてきます。その録音をした音声を聞かせると「気持ちが上がってきますね、これなら自信を持ってプレーできますね！」とのことでした。

そこで、その音声だけをその選手に渡して暇を見つけては聞くように伝えました。その録音を何度も聞きながら、自分のセルフトークのクセを自信を持ってプレーできるのものへと変えていくのです。それ以降は代表戦でも自分の持ち味をフルに発揮してプレーしてくれています。

この選手のように瞬間、瞬間のセルフトークで、自分でも気づかない内に自分の自信を崩していったりしているものです。このように無意識のうちに行っているセルフトークを意識の上に顕在化させて、そこから自信が湧いてくる新しいセルフトークを何度も耳にすることで、自然にセルフトークのクセを修正していくのです。

少し手間のかかる方法ですが、次の試合に向けて時間もあると思います。皆さんも実践してみるのも良いのではないかと思います。

自信は誰かが自分に与えてくれるものではありません。自分が自分自身に与えていくものなのです。植木に毎日、枯れ葉剤を撒いていると植木はどんどん枯れていってしまいます。反対に栄養剤を撒いているとスクスク育っていきます。自信という木にとって枯れ葉剤は自己否定やネガティブな言葉です。栄養剤は自己肯定でありポジティブな言葉なのです。そのことを意識して大切に自信の木を育てていってもらいたいと思います。

第4章

モチベーションを高く維持する方法

(日常) 1

根拠のある自信を身につけるために常に目的と手段を明確にしておく

苦しいことをするから、上達するわけではありません。上達するべく練習をするからこそ、上達するのです。その過程で苦しいこともあるということです。

苦しいだけで上達しなければ、モチベーションはどんどん低下していってしまいます。間違った練習をいくら苦しい思いをしてやっても下手にしかなりません。モチベーションを高めていくためには、【目的】と【手段】をどれだけ明確にできているかが重要になっていきます。

あるセリーグの球団の投手陣が、秋季キャンプで毎日、練習後に長い距離をランニングしていました。そこで、「君達は毎日、苦しい思いをしてランニングをしているけど、その目的は何だろう?」と質問しました。返ってきた答えは「下半身の強化です」でした。

そこで、「下半身の強化が目的なら、陸上のマラソンランナーはそれこそ君達の何倍もの距離を走っているよね。彼らの下半身は君達よりも太くて強い?」と聞くと、「いえ!

僕達のほうが強いです！」と。「だとしたら、下半身の強化を目的とする長距離走は、手段としては違うよね」と話しました。

スポーツの世界は、昔からこうやっているからとか、小さな頃からそういうものだと教わることで、漠然と「そうなんだ」と思い込んでやっている練習が案外多いものです。その投手陣達と下半身の強化が目的なら、その最適な手段は何かを一緒に考えました。ウェイトトレーニングや短距離走など、いろいろ意見が出ました。

そこでさらに、「この下半身の強化を手段として考えたら、下半身を強化する目的は何だろう？」と問いかけます。投球に活かすことが【目的】ということになります。投球に活かす【目的】⬇下半身の強化【手段】になります。

そして次に、【手段】だった下半身の強化を【目的】に置き換えて最適な手段は何か？と考えるのです。そこで最終的に選んだのが、身体にウェイトで負荷をかけての投球動作に合わせたランジということになりました。

こうして考えると、そのトレーニングが長距離を走るよりも当初の目的に合致していると全員が納得して取り組んでいけるのです。今やっていることが何に繋がっていくのかが明確になり、それによってモチベーションも高くなっていきます。大切なのは、【目的】と【手段】の明確化なのです。

まず、今自分が取り組んでいること【手段】の【目的】は何かを考える。その【目的】として出てきたものを、今度は【手段】に置き換えて、さらにその【目的】は……という具合に深めていくのです。そして、出てきた根本的な【目的】から再度、最適な【手段】は？と考えます。その最適な【手段】を今度は【目的】に置き換え、最適な【手段】は何か？を考えていくことで、首尾一貫したすべてが明確に繋がる【目的】と【手段】になっていくのです。

これをやれば確実に上達への一歩になると感じることができれば、苦しい練習であったとしても、好きな競技をしている皆さんならばモチベーションを高く維持していけることでしょう。

逆に言うなら、練習にモチベーションを感じられなくなっている時というのは、もしかすると【目的】と【手段】との間にズレが生じている可能性があります。自分の中で何のためにやっているのかわからなくなってしまっている危険性があるのです。だからこそ、シートを活用して常に確認作業を繰り返していくようにしましょう。

【目的と手段のチェックシート】

A　今日の練習の目的
〈記入〉

B　その目的を達成するための効果的手段
〈記入〉

B　その手段を目的とする時
C　その目的を達成するための効果的手段
〈記入〉

2 （日常）仮説⬇実験（練習）⬇結果（感触）⬇結果の評価⬇分析⬇課題の炙り出し⬇仮説……をしっかり行う

現在、スポーツ庁の長官をされている元ハンマー投げのオリンピック金メダリスト・室伏広治さんが現役の時に、このような話をされていました。

「スポーツはクリエイティブなものでないといけません。自分を進化させていくことは、何よりも楽しいことです。スポーツがこの地球上で行われるということは、物理学なんです。物理によって人類が進化したように、スポーツも物理で進化していけると思います」

実際に室伏さんは、次々に自分独自のトレーニングを開発されていました。

スポーツをしている皆さんには、研究者であってほしいと思います。研究者はいついかなる時も、頭の中で研究テーマを考え続けています。皆さんも日常生活を通しても自分がやっている競技が、どうすればもっと上達するかを考え続けてほしいと思うのです。

嫌いなことを考えるわけでもなく、自分が大好きな競技のことを、その競技力を高めていくことを考えるのだから、決して嫌な時間ではないはずです。

練習前に「こうすれば、もっと上手くなるんじゃないか？」という仮説を立て、練習の場でその仮説を実験します。出た結果を検証して、「なぜ、こんな結果になったのか？では、次はこのようにやってみてはどうか？」と課題を見つけ、その課題に対しての仮説を立てる。こんな繰り返しを楽しめる研究者のようであれば、素晴らしいと感じます。

「もしかして身体の使い方を〜〜したら、もっと上達するかもしれない」「もっと〜〜のような練習内容にしたら、強くなるかもしれない」という「〜〜」の仮説の部分があれば、練習に行く際も、早くその仮説を試してみたいとモチベーションも高くなることでしょう。

ただの毎日代わり映えのしないルーティーン化された練習や指導者からやらされるだけの練習では、モチベーションを維持していくのが大変です。仮説を立てるためには、考える力が大切になります。

しかし考えると一言で言っても、人間である以上何も考えない人はいません。「考えよう！」と言われたら「考えてるよ！」と言い返したくもなるのではないでしょうか。

考えるレベルの高さや考える深さが問題になるのです。そのためには、考える材料となる知識が必要になります。材料なくして調理のアイデアを考えられないのと同じで、上達するために必要な知識という土台が大切になってきます。それらの知識が刺激になり、そこから思考のレベルや深さを求めていくことが始まります。そして、上達するためのアイデアや発想を生み出していくのです。

そのためには、知識が間違っていたり、古くさかったら意味がありません。その意味で最新の正しい知識はとても重要になっていきます。しかし、知識は知識のままでは使い途はありません。知識を身体に取り込んで自分の血肉にして初めて知恵に変わります。知ることで仮説を立てやすくなり、練習の場でそれを実験することで、さらに知りたいと思うという循環が生まれてくるとそれはどんどん加速していきます。

知識は取り入れるだけでは知識のまま。でも、どんどん使えば知恵になっていくのです。知恵になってこそ初めて上達する足掛りになっていくのです。そこで、さらに知識を入れて自分の頭の中であれこれと仮説を考えて、どんどん知識を実践に移していくことで、さらに上達していけるのです。

今の時代はインターネットをいじるだけで、いとも簡単に知識は増えていきます。大切なのは人よりも一つでも多くの知識を増やすことではなく、一つでも多く生きた知恵に変え、自分の本当の実力をつけていくことだと思います。

そのためにも、知識➡仮説➡実験➡結果➡結果の評価➡分析➡課題の炙り出し➡仮説➡新たな知識……をしっかり行うようにしていきましょう。このループを繰り返していくことで知恵になっていきます。

【仮説➡実験➡結果➡分析のチェックシート】

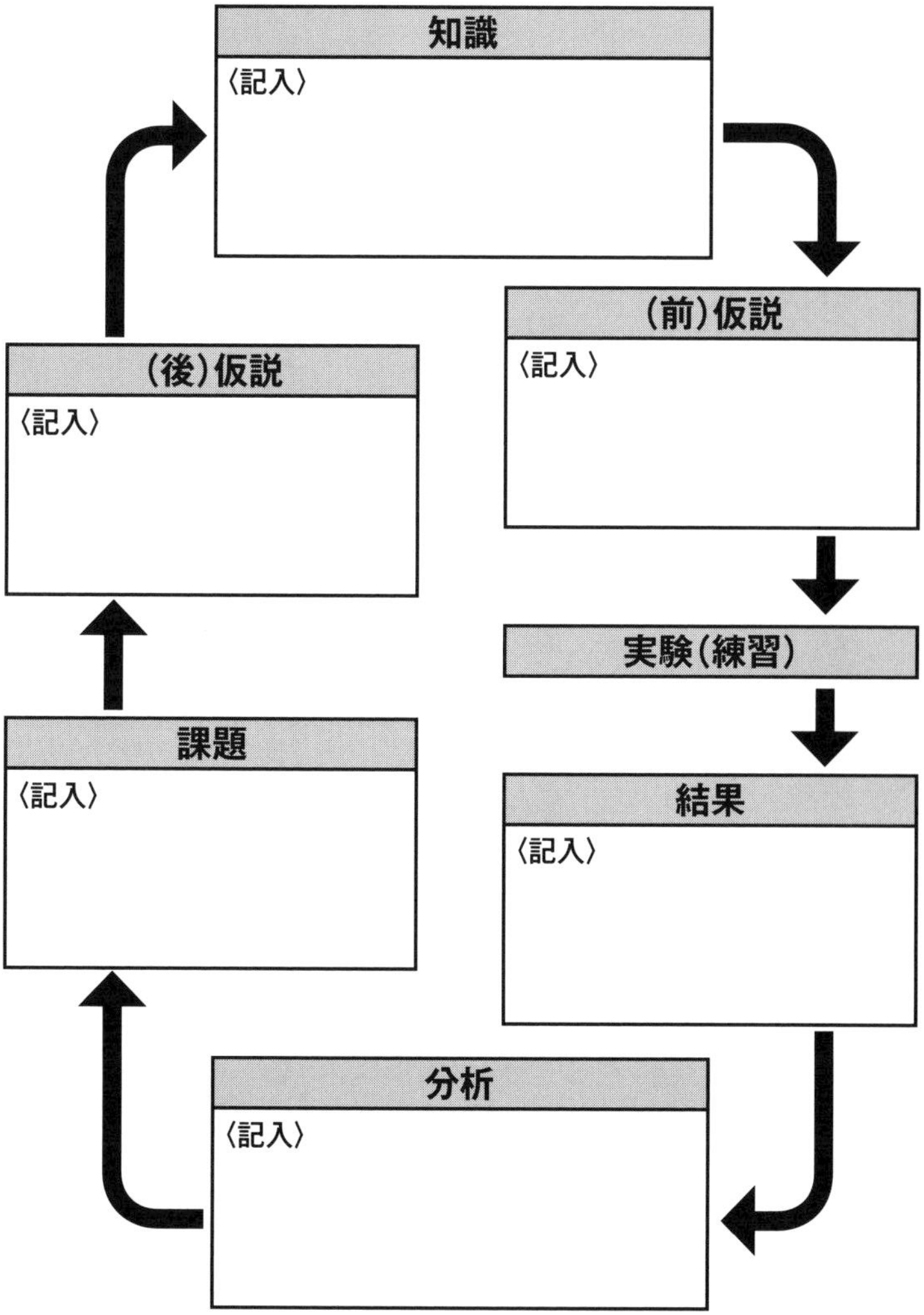

そうすると考えることも楽しくなり練習でもモチベーションは高くなっていくでしょう。

3（準備期間）指導者やチームメイトや親から褒めてもらった言葉だけを用紙にメモを残していく

V1リーグの女子バレーボールの強豪チームにメンタルトレーニング指導をした時、リーグ開幕に向けて本来は気持ちが高まっているはずの時期であったにもかかわらず、練習を見ているとモチベーションの低い空気感が漂っていました。

中心選手達に聞いてみると、「何か試合が近いので練習が詰め詰めになって量も増えてきていて、気持ちが疲れている感じです」「バレーボールの練習は子ども頃に始めた時からこの年まで、ずっとある程度流れや練習メニューやパターンも同じ感じなので、知らず知らずのうちに何となくやってしまっているのかもしれません」と答えてくれました。

そこで、監督と相談して次のような方法を実施しました。

試合に向けての準備期間には、できれば練習の量を通常の80％くらいに抑えておきたいものです。ここで焦っていつも以上にやろうとする人もいますが、この時期に負荷をかけすぎてしまうと、心身ともに疲労を蓄積してしまいます。そうすると、食事で言えば満腹状態になってしまいます。するともう食べたくないという気持ちになりますよね。それは練習でも同じです。モチベーションも低下してしまいます。

腹八分という言葉がありますが、まだもうちょっと食べたいくらいの状態にしておくほうが、練習でもモチベーションは高まるのです。

そこで、監督と相談して練習の量を80％にしたのですが、選手達の反応は、「余力があるから一つ一つのプレーを大切に集中して行えるようになった」「次の日の練習に対しても今までと違ってフレッシュな気持ちで入れるようになった」というものでした。

次にもう一つの方法も実践しました。モチベーションをさらに高めるためには、同じ量の練習をやるにも工夫が大切になります。例えば同じ量の食事を摂るにしても、一品では飽きて食べるのが苦しくなります。しかし、いろいろなものを何品も少しずつ食べれば意外に飽きずに美味しく食べられたりするものです。飽きをこさせないことが、モチベーションを維持するのに効果的なのです。

同じ練習をするにしても、気分の変わる様々なバリエーションを考えることが大切になります。チームのミーティングで、例えばパス練習においてもお互いにアイデアを出し合ってもらい10種類くらいのメニューを考えてもらいました。同じパス練習をするにも1種類の練習を100回やるよりも、10種類を10回ずつやるような練習方法に変えたのです。すると選手達は、「同じパス練習も方法を変えれば新鮮だし、楽しくなるものなんですね！ちょっとしたことで感じ方が変わります！」と生き生きと練習に取り組んでいました。

この練習のバリエーション作りのアイデアは、アイデアシートを活用して是非皆さんも自分の競技でいろいろと考えてみてください。味に飽きた食べ物を、「まだまだ食べろ！」と言われたら、気持ち悪くなることでしょう。しかし、デザートは別腹なんて言います。目先が変われば、まだ身体は美味しく食べ物を入れることができるのです。

練習においてもそのようにできれば、常に新鮮な気持ちで練習に取り組むことができます。試合に向けてもモチベーション高く向かっていくことができるでしょう。

そのチームもこうした方法を取り入れることで、バレーボールに対して貪欲な気持ちを持ってとても良い形でシーズンに突入することができました。練習の量を80％にすることでの飢えと、バリエーションを増やすことでの新鮮さとが、モチベーションを高く維持する上でとても大切になるのです。

反対に膨満感と飽きによるマンネリ化はモチベーションを低下させてしまいます。こうしたことを頭に入れて、皆さんも最高の準備をしていってもらいたいと思います。

【練習方法のチェックシート】

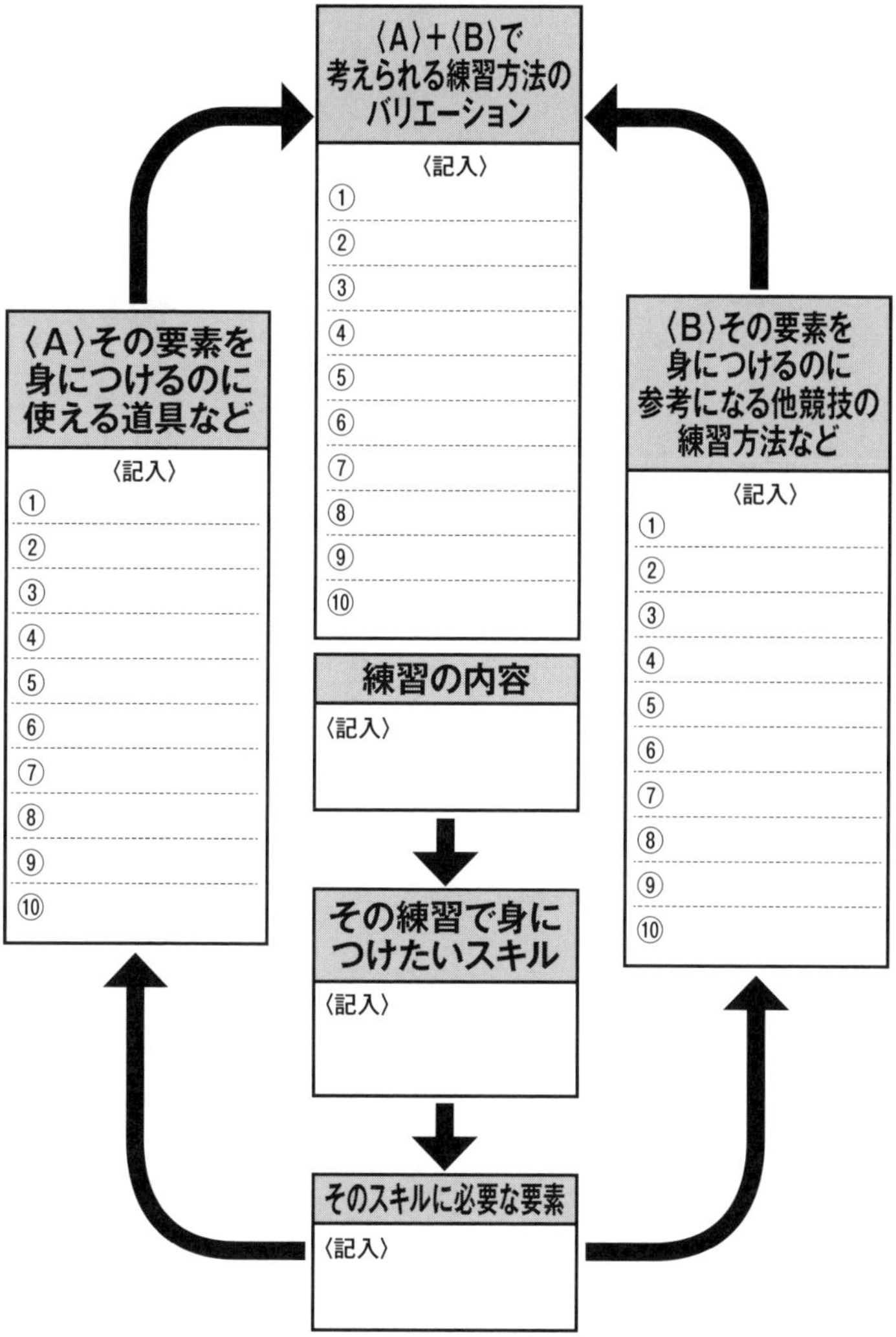

4 （準備期間）

本番までの残された時間の中で、何は伸ばせて、何は伸ばせないのかを整理していく

試合が近づいてくると、あれもこれも何とかしていかなくてはと焦りの気持ちが強くなります。さらに練習をしていても思ったようにできるようにならずパニックになり、さらに焦りが強くなっていき、心は疲労を蓄積していきます。そうすると、その心の疲労の蓄積によってモチベーションは低下していってしまいます。

そもそも準備期間という短い時間の中で、実力を一気に高めるということ自体が難しいのです。この準備期間はある意味で腹をくくる時間でもあります。今の自分には何ができて、何ができないのか。残りの時間で、できないことは捨てて、できていることをさらに精度を上げていくことに使うのか。それともできないことを時間の中で少しだけでもできるようにしていくのか。このような冷静な判断が必要になります。

もし前者なら、できていることの中のどのポイントの精度を上げていくのか。後者なら、できないことのどのポイントを少しでもできるようにしていくのか。ポイントを絞り込ん

でいきましょう。

試合まで限られた時間しか残されていません。だから、あれもこれもと頭の中を混乱させないで腹をくくり、このポイントだけはしっかりとやっておこうと決めるのです。すると気持ちはスッキリとしてきます。やることが明確になればモチベーションは少しずつ高くなります。

しかし、ここで終わりではありません。ポイントを絞り込んだとしても、漠然と取り組んでいたのでは、成果も見えてきません。逆に、自分はこれだけをしていてもいいのかな？という不安が湧いてきます。やはり、他のこともあれこれとやっておいたほうがいいかも？と焦りがまた出てきてしまいます。

そのような状態に陥らず、モチベーションを高く維持しながら絞り込んだポイントに取り組むためには、限られた時間の中でも試合当日を長期達成目標として設定。そこから逆算して中期達成目標、短期達成目標、今日の達成目標を立てておくことが大切になります。そして、それを達成するための具体的な練習方法も考えておいてください。そのように試合に向けての自分が進む道筋を明確にしておくと、自分も安心していけます。

ここで注意が必要なのは、長期達成目標の部分になります。冒頭でもお話をしたように、スポーツの実力はそんな短期間で急に高くなるものではありません。

長期達成目標には自分が思い描く理想像を100％だとすると、①できることをさらにできるようにすることを選んだ皆さんは60％くらいの達成像を、②できないことを少しでもできるようにしていくことを選んだ皆さんは30％くらいの達成像を置くようにすることです。絞り込んだポイントの難易度によってパーセンテージの上下は出てきます。

オリンピック選手達には選手村に入った辺りから、このようなシートを活用して計画を【計画シート】を活用し、この作業を行ってみてください。

立てるように指導しています。この時期から選手達は、「さあ、いよいよ本番だ！」と気持ちが高まる反面、その反動で「このままで大丈夫かな？　まだまだ、やっておかなければならないことがあるはずだ」と焦りの気持ちが強くなります。その焦りから、モチベーションが一時的に低下してしまうことがあるのです。これを急性の本番鬱と呼んでいます。この時の状態を選手達は、「やらなければと焦るのに何一つ手につかない」「情緒不安定かのように期待と不安が目まぐるしく入れ替わる」「練習していても、心ここに在らずという感覚」などと表現します。

皆さんも似たような感覚を感じたこともあるのではないでしょうか。そうならないためにも、無理のないしっかりとした計画作りが大切になっていくのです。そうして高いモチベーションを維持したまま、本番に向けて備えてもらいたいと思います。

【計画シート】

〈未来〉

できないスキルをできるようにしていく
①(　　)%
②(　　)%
③(　　)%
④(　　)%
⑤(　　)%
⑥(　　)%
⑦(　　)%
⑧(　　)%
⑨(　　)%
⑩(　　)%

← 分類

〈現在〉

自分の理想像を100%とした時の今の自分の競技スキルを何%か記入する	
スキル①	(　　)%
スキル②	(　　)%
スキル③	(　　)%
スキル④	(　　)%
スキル⑤	(　　)%
スキル⑥	(　　)%
スキル⑦	(　　)%
スキル⑧	(　　)%
スキル⑨	(　　)%
スキル⑩	(　　)%

分類 →

〈未来〉

できるスキルをさらに伸ばしていく
①(　　)%
②(　　)%
③(　　)%
④(　　)%
⑤(　　)%
⑥(　　)%
⑦(　　)%
⑧(　　)%
⑨(　　)%
⑩(　　)%

目指す%を記入 ↓

その差を埋めるための具体的練習方法
〈記入〉
①
②
③
④
⑤
⑥
⑦
⑧
⑨
⑩

目指す%を記入 ↓

その差を埋めるための具体的練習方法
〈記入〉
①
②
③
④
⑤
⑥
⑦
⑧
⑨
⑩

5 （本番）本番当日の朝に今まで記入してきた内容を改めて読み返してみて自分が自分自身に宣言文を書いてみる

皆さんは、指導者やチームメイトから伝えられた言葉を練習メモに残していますか？

仮に残していたとしても、練習メモに書いたまま放置していませんか？

お勧めしているのは、二冊のノートを用意し、一冊は『誉められた内容ノート』、もう一冊は『注意された内容ノート』として家に戻ってから練習メモに書かれている内容を分別してノートに書き分けることです。

ノートの代わりとして【誉められた内容シート】を用意しておきましたので、これに記入しておいてください。これが本番当日に生きてくるのです。やはり、本番当日はモチベーション高くいきたいものですよね。そのために、この【誉められた内容シート】を読み返してみることが大切になります。

そもそも人間は、その内容までは覚えているかどうかは別にして、誉められたことよりも、叱られたりしたことのほうが記憶に残りやすいものです。試合当日のナーバスな状態の時は、ともすると自分のセルフイメージが叱られてばかりのダメな選手という感じになりやすかったりします。それではモチベーションは高くはなりません。それどころか、こんな自分で大丈夫？　と心配になってしまいます。

試合当日は自分の中にできるだけマイナス要素を入れたくはないので、『注意された内容ノート』は見なくてよいです。だからこそ、日頃からメモを二つに分けておくことが大切なのです。メモのままだと読み返す時に全部拾ってしまうことになるからです。

ですから、試合当日の朝は、この【誉められた内容シート】だけを読み返して、書かれている内容の要点を組み合わせて『宣言文』にしてみましょう。そして、その『宣言文』を何度も自分自身に読み聞かせるようにしてください。『宣誓文』は誉められた内容で構成されていますので、セルフイメージがプラスイメージになっていきます。そうするとモチベーションは高くなっていきます。

このシートは〈性格面〉〈体力面〉〈行動面〉〈技術面〉〈チーム貢献面〉に分けてあります。仮に簡単な一例ではありますが――、

〈性格面〉とても真面目で熱心
〈体力面〉筋力があってパワーがある
〈行動面〉積極的に物事に取り組んでいる

〈技術面〉スイングスピードは速い
〈チーム貢献面〉周りの様子をしっかり見て声を出せている

このように書かれていたとします。

『宣言文』は、「自分は誰よりも熱心に一生懸命に練習に打ち込んできたから、パワーのある最強のスイングを身につけてこられた。周りの空気を引き込むくらいの積極的なバッティングをできる選手なんだ！」という具合になります。

誉められた内容というのは自信を持てるための材料でもあるので、できるだけ全部を盛り込んで『宣言文』を作るようにしてください。そして自分に読み聞かせる時には、その文の内容に合わせて自分の試合での姿をイメージ化していけるといいでしょう。

余談ですが、お亡くなりになられた野村克也さんが阪神タイガースの監督をされていた時代に、メンタル指導をしていた阪神の選手にこのシート分けをしてもらいました。野村監督は選手にメモを絶対に取らせていたので、そのノートにはびっしりと書かれていました。その作業をする前のその選手の印象は、ほぼ全部が叱られたりした内容ということでした。

しかし、作業をして改めて読み返して分類してみると約4割は誉めてもらった内容だったのです。それには選手も驚き、監督は自分のことをしっかりと認めてくれていたんだと

【誉められた内容シート】

〈性格面〉	
〈体力面〉	
〈行動面〉	
〈技術面〉	
〈チーム貢献面〉	

認識できたようです。

本人のセルフイメージだけでなく、野村監督のイメージが本人の中で大きく変わり、モチベーションがとても高くなったということがありました。

皆さんも試合当日は、セルフイメージをプラスにして高いモチベーションで臨んでもらいたいと思います。

6（本番）本番に向けて今の自分自身の実力の評価をしっかりと行っておく

試合本番で大切になるのが、最初から難しいことからしようとしないことです。あるいは、できないプレーをしようとしないことです。試合のスタートから、いきなり飛ばしていかないようにするのです。

どうしても最初から試合のリズムを握りたいという欲が生まれ、「何としても点を取りたい」となり、難しかったり、できないプレーを無理してくない。何としても点を取られたくない。

てやろうとしがちです。

しかし、まだ試合に慣れきっていなかったり、自分の調子も上がりきってない状況下では、ことごとく失敗してしまいます。すると「ああ、今日は上手くいかない」とイライラしてきて、モチベーションも低下していってしまいます。

皆さんは勉強のテストの時、いきなり後半の難問から取りかかりますか？　恐らく最初のほうの簡単な問題から解き始め、徐々に調子を上げていき後半の難問に挑んでいくのではないかと思います。

これはスポーツでも同じです。

最初からつまずいてしまうと一気にテンションは下がります。そこからモチベーションを上げていくのは、とても難しくなります。

そこで、試合前に自分の実力を正確に把握しておくことが必要になります。【自分の実力の分類シート】を活用して、まずは自分でしっかりと理解しておくことが大切です。

①いかなる状況下でもできること
②慣れてくるとできること
③調子が上がってきたらできること
④今の自分の実力ではできないこと

これらの4つに分類します。「えっ⁉」と思われるかもしれませんが、プロ野球選手でもそんな感じです。

元広島カープのエース投手だった黒田博樹さんが、このように話していました。

「プロ野球選手でも、まず初回はコーナーギリギリに投げるのなんて難しいですよ。まずは大きくストライクゾーンを二分割くらいで考えています。アウトコースか、インコースかくらいです。それくらいのほうが思い切り気持ち良く投げられます。

それに慣れてきて調子が上がってきたら四分割に、さらに中盤以降は九分割くらいに精度を上げていきます」

この話を例にすれば、①はストライクゾーンの二分割、②は四分割、③は九分割、④は十六分割ということになります。

試合はできること、つまり「はい！　できた！　いい感じだ！」と気持ち良く伸び伸びとプレーをしていくことから始めたほうが、試合に対してのモチベーションも高くなってきます。

そのためには、考え方そのものも新たにしなくてはいけません。

野球で言えば、「序盤に点を取られたくない」ではなく、「序盤だからこそ点を取られたとしても、9回取り返すチャンスがある」。だから、「序盤は点を取られないように無理なことをして調子を崩すのではなく、簡単なことから調子を上げ、リズムを作る」というように考え方を変えていくことが大切です。

そうした基本的な考え方の変革がなければ、ついつい点を取られたくないという欲に負けて難しいことをしようとしてしまいます。こうしたことを自分一人で考えるのではなく、野球の投手であればしっかりと捕手と話し合って共通認識を持っておくことが大切になってきます。

そして、このシートを見せて序盤の慣れないうちは、①から入り、捕手がボールを受けていてボールが走り始めて調子が上がってきたと感じたら②に移行するなどと決めておきましょう。

そうしなければ、捕手も点を取られたくないという気持ちで難しいコースを要求してきたりします。

とにかく、試合のスタート時点で今日は伸び伸びと調子良くプレーができていると感じることができれば、モチベーションは高くなります。だからこそ、この意識は大切にしていってもらいたいと思います。

【自分の実力の分類シート】

①いかなる状況下でもできること
②慣れてくるとできること
③調子が上がってきたらできること
④今の自分の実力ではできないこと

試合の時は、①→②→③という順番で無理なく実力を発揮していくようにしていく。

試合では絶対にやろうとしないこと。自滅してしまう危険性が高い。

7（本番後）
本番で自分が成功させることができたことだけをピックアップして分析すれば、自分の成功パターンが見えてくる

試合後に自分の中で成功したなというプレーを、すべてピックアップしてみましょう。そして、そのプレーをする前後に「自分がどんな気持ちだったか?」「どんなことを感じたのか?」「どんなことを考えたのか?」「どんな行動を取ったのか?」「どんな状況だったのか?」などを鮮明に思い出して、【成功体験分析シート】にできるだけ詳しく記入するようにしてください。

これは試合後時間が経過すると記憶が薄れていき曖昧になってしまうので、早めに行ってください。

この作業を毎試合行っていくと、このシートが積み重なってきます。それに合わせて毎回重なる共通項に蛍光ペンで印をつけていきましょう。そうすると、案外、成功したプレーの前後に共通した傾向が浮かび上がってきます。成功したプレーの前後には、「こんなことを考えている」とか、「こんな気持ちでいる」といった具合です。

このようにデータを集積して共通した要素を見つけ出し、傾向を洗い出す方法を「クラスタリング技法」といいます。言ってみれば、成功の方程式です。無意識のうちにやっていたことを「見える化」することで、今後プレーをする前後に意識して行うことができるようになり、成功を引き寄せやすくするのです。

以前、オリンピック日本代表の卓球選手にこの作業を行ってもらったことがあります。今でこそ張本智和選手のラリーを制した後に上げる雄叫びが有名になりましたが、少し前までは注目されてはいませんでした。

ある選手の試合を観察していて、その選手が決して毎回ではありませんでしたが、雄叫びを上げた次のプレーも成功しているように感じました。そこで、その後の試合でも毎試合洗い出してもらうと、明らかに成功の傾向が見られました。雄叫びを上げると、そのプレーが強く心に印象として刻まれる。大きな声で「おっしゃー！」と叫ぶことで、身体の力が上手く抜けている。といった傾向も出てきたのです。

そこからは、本人にも意識して行うように伝えました。「上手くいく時というのは、上手くいくことを偶然にもやっているもんなんですね。でも、ここからは偶然が必然に変わりますね」と話してくれたのです。

よく言われるジンクスと、この成功の方程式は意味が違います。ジンクスは偶然性が強く、成功の方程式は必然性が強いということです。そのような成功の方程式を持てると、「次もしっかりと意識して〜〜を考えたり、〜〜をしたりして臨んでいこう！」とモチベーションは高くなっていきます。

皆さんも成功する前後で恐らく自分では気づかないでやっていて気にも留めていなかったことがあると思います。それが、決して偶然ではなかったりします。

「試合中、自分が納得がいくプレーができずにふて腐れたり、イライラ苛ついたり、ミスプレーして落ち込んで暗い顔をしたりしないように心掛けたいです。常に意識して笑顔を作っていきます！」と、この方法を実践したプロ野球の選手が話してくれました。

やはり、共通項として笑顔の後には良いプレーができていることに気づけたのです。案外、誰もが自分のことをわかっているようでいて、わかっていないことも多いものです。

皆さんもそうだと思いますが、このように傾向として明らかに共通項が出てくると、言われるからやるとか、無理してやるとか、そういうことではなく、自らがやってみたくなるはずです。こうした自発性もモチベーションを高めていくのにとても効果的です。

ただし、成功したことだけではなく、少し時間を置いて冷静になった時に本番で失敗したことを整理して、どのような状況や心理の時に失敗したのかを記入し、次に向けての改善点までをしっかりと考えておくことも大切になってきます。

【成功体験分析シート】 どのような成功をしたかを記入

試合前	行動面	〈どのような行動をしたか記入〉
	思考面	〈どのようなことを考えていたか記入〉
	コミュニケーション面	〈チームメイトとどのようにコミュニケーションしたか記入〉
	その他	〈それ以外に気づいた点を記入〉
試合中	行動面	
	思考面	
	コミュニケーション面	
	その他	

8 （本番後）
試合を振り返り8つのモチベーション・プレーで、成功プレーと失敗プレーを分類シートで分析

試合後の振り返りとして、試合全体で自分がしたプレーをモチベーションの8つの種類に分類してみましょう。

【モチベーション別分類シート】を活用して自分が行ったプレーを書き出していくのです。「成功したプレー」には二重マル◎を、「まあ上手くいったプレー」にはマル○を、「失敗したプレー」にはバツ×をつけていきます。

そして、それぞれのプレーに対してどのモチベーション・プレーだったのかを、①〜⑧にマルをつけていってください。一つのプレーに対して一つのモチベーション・プレーとは限りません。複数に当てはまると感じれば、当てはまるものにすべてマル○をつけてください。

それらを集計してみると、試合中に自分がどのようなモチベーションを持ちながらプレーすると成功するのか、どのようなモチベーションでプレーすると失敗する傾向にあるの

かが、客観的に理解できるはずです。

それぞれの選手の個性ですから、どのモチベーション・プレーがいいとか、悪いとかではありません。まずは自分の個性を知り、試合中にどのようなモチベーション・プレーをしたほうが、より成功の確率が高いのかを理解してください。その上で、次からの試合に活かしていけるといいなと思います。

①インセンティブ・モチベーション・プレー

レギュラー獲得という報酬を得るためにプレーを実行するものです。レギュラーを得るためには、たとえしたくないプレーでも高いモチベーションで臨むプレーです。

②アチーブメント・モチベーション・プレー

特定の目標を達成するためにプレーをすることを意味します。チームのビジョンにコミットして自分の目標を達成することを重視し、高いモチベーションでするプレーです。

③パワー・モチベーション・プレー

チームの中でパワー（権力）を持ちたいと思ってプレーします。注目を浴びたり、チームの皆から凄いと思われたりして、チームの中で発言力を高めてリーダーになりたいという思いで、高いモチベーションでするプレーです。

④フィア・モチベーション・プレー

ネガティブな結果への恐怖（レギュラー降格や叱られるなど）による不快な経験を避けようとしてプレーします。恐怖をモチベーションに変えて行うプレーです。

⑤ソーシャル・モチベーション・プレー

チームの勝利のためということを第一義にして、自己犠牲をも喜んで厭《いと》わずにプレーします。自分のことよりもチームへの貢献度を常に考え、高いモチベーションで行うプレーです。

⑥コンピテンシー・モチベーション・プレー

自分の専門的なプレー技術を発揮するためにプレーします。とにかく自分の持ち味を大切にして、自分にしかできないこと（オリジナリティ）をしようとして、高いモチベーションで臨むプレーです。

⑦アティチュード・モチベーション・プレー

チームメイトがより良く感じることを重視してプレーします。チームメイトが最高のプレーを実現するサポートをすることに自分の喜びを感じ、高いモチベーションで行うプレーです。

⑧エクスペクタンシー・モチベーション・プレー

成功した自分の姿に対してモチベーション高くプレーします。成功こそが第一義なので、

【モチベーション別分類シート】

		◎○×印 をつける
①インセンティブ モチベーション プレー	・プレーを記入	
	・	
	・	
	・	
②アチーブメント モチベーション プレー	・プレーを記入	
	・	
	・	
	・	
③パワー モチベーション プレー	・プレーを記入	
	・	
	・	
	・	
④フィア モチベーション プレー	・プレーを記入	
	・	
	・	
	・	
⑤ソーシャル モチベーション プレー	・プレーを記入	
	・	
	・	
	・	
⑥コンピテンシー モチベーション プレー	・プレーを記入	
	・	
	・	
	・	
⑦アティチュード モチベーション プレー	・プレーを記入	
	・	
	・	
	・	
⑧エクスペク タンシー モチベーション プレー	・プレーを記入	
	・	
	・	
	・	

挑戦というよりもむしろ確実に成果を出せるプレーを選択して行うものです。

以上、８つのモチベーション・プレーがあります。完璧にフィットしなくても、何となくこれに近いかなという感じでシートにマル○をつけても大丈夫です。

このように分類して理解していけば、自分がどんなモチベーションでプレーをすれば失敗するのか、どんなモチベーションのときに成功するのかが見えてきます。

それがわかれば、意識して成功するモチベーションを自分の中に持つようにしていけばいいのです。

9 （次に向けて）
練習目的シートを活用して目的を明確にし、失敗を恐れない練習に取り組んでいく

中学や高校の部活動の練習を見て感じるのは、失敗を怖がる練習をしている選手が多いなということです。練習は、できないことを少しでもできるようにする場です。できないことを恥じる必要なんて本当はないのです。

それよりも、何となく無難に無理せず、できている風を装うことほど無意味なことはありません。それはもはや練習ではなく、デモンストレーションと言えるでしょう。そうであるなら、練習の意味を問い直す機会も必要かもしれません。

そもそもできないから練習するわけで、できるなら練習なんて必要ないのです。練習は小さくまとまって満足する場ではありません。自分の可能性をどんどん開拓していく場のはずです。どうせ練習をするなら、練習の持つ本来の意味を問い直してから臨んだほうが有意義だし、高いモチベーションで練習に臨んでいけるはずです。

元千葉ロッテマリーンズの岡田幸文さんはパ・リーグを代表する守備の名手でした。そんな岡田さんの現役の時には、守備練習の時に浅いフライを無理して突っ込んで捕り損なって後ろに後逸したり、ダイビングキャッチしてボールをグラブからこぼしたりする光景をよく目にしました。

「自分の守備範囲を広げているんです。エラーを恐れていては、無理して捕ろうとしないじゃないですか。そうすると守備範囲は広がらないんです。無理して捕ろうとするから、広がるんです。練習でいくらエラーしても1円も引かれないですが、試合で難しいフライを捕れればお金になるんですから」と話してくれました。

プロなのでお金の例えが出たのですが、言い得ているように感じるのです。皆さんも練習でいくらミスをしても勝敗には関係ありません。練習で巧くなっていければ、そのプレーが勝利に繋がるワンプレーにもなるのです。

練習に対してのモチベーションは、自分の今のプレー技術を今以上にしていくことにあります。失敗しない練習は現状維持、もしくは現状以下にしかならないのです。それでは練習に対してメニューを消化しているだけで、モチベーションが高まってはいきません。

練習の成果を計るのは、上手くそつなくこなせたかではありません。与えられたメニューをこなせたかどうかでもありません。当たり前ですが、上達したのかどうかです。

この当たり前を見失うと、ミスせず満足の練習になる危険があるのです。自分のためではなく、他人を満足させる練習になります。

練習は他ならない自分のためにやるものです。「ミスなく与えたメニューをよくこなせたぞ！」という誉め言葉をもらうためにやるものではないのです。

逆に他人からは評価されなくても、自分が「今日は自分の中で何かを掴んだ！」と納得できる練習をしていきたいものです。

自分の中で、今日は何を目的に練習に臨むのかを明確にすることが大切です。その目的のための手段として、どういう練習内容やプレーをしていくのかを考えます。そして、そのプレーをすることで、どのようなミスが生まれる可能性があるのかなどを【練習目的シ

【練習目的シート】

〈今日の練習の目的〉

〈その目的の意味〉

〈そのための練習手段〉

〈手段実行のために
必要な要素〉

〈手段実行にあたって
発生しそうなこと
(ミスもふくめる)〉

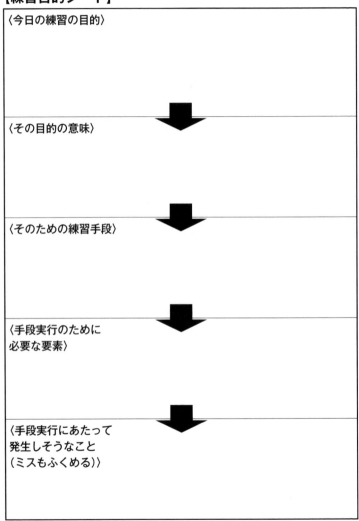

ート】に記入して、できればそれを指導者に提出してみてください。

冒頭の例で言うなら――、

〈今日の練習の目的〉

自分の守備範囲を広げる。

〈目的の意味〉

試合でヒット性の打球をアウトにして投手を助ける。

〈手段〉

どんな難しい浅いフライもノーバウンドで捕球する。

〈手段実行のために必要な要素〉

最後まで諦めない気持ちとボールに対して全力で走る姿勢。

〈手段実行にあたって発生しそうなこと（ミスもふくめる）〉

捕り損ねたり、ボールを後逸する。

これらを指導者と共有できていれば、例えミスをしても目的に合致した練習ができていると理解してもらえるでしょう。そのようにして今の自分が自分を越えていこうとすることで、自分自身への期待感とともにモチベーションも高くなっていくのです。

（次に向けて）10

試合後のモチベーションの低下を防ぐために目標達成シートにより明確な目標を設定していく

試合が終わると、やはり一回気持ちは緩みます。そうすると、今後に向けての目標を見失いがちになり、一時的なモチベーションの低下を招きます。そこで次に繋げていく明確な目標を立てていかなければ、モチベーションは曖昧になっていきます。

オリンピック選手達は一つの試合が終わると、次は4年間という長い期間があります。ですから、目標を見失って競技へのモチベーションが低下する選手もいます。その期間の長さと注ぎ込むエネルギーの膨大さに呆然となり、なかなか次に向けてのスタートを切れないのです。だからこそ、次に向けての新たな明確な目標が必要になってきます。

そこで、この【目標達成シート】を活用して、モチベーションを高めていける目標を設定していきましょう。

このシートの説明をしておきます。ささっと簡潔に書くのではなく、しっかりと考えて書き方に注意して記入してもらいたいと思います。

①目標を達成する年月を明確にする

いつかその目標を達成できればいいという曖昧な感じでは、意欲は次第に薄れていきます。具体的にいつまでにと年と月を決め、そこまでに何が何でも達成すると覚悟を持つことが大切です。この時、自分で非現実的だと感じる設定は逆に無力感を与えてしまうので注意してください。

②主体的な表現にする

気をつけるべき点は、表現を主体的にすることです。なぜなら、自分が思い通りにコントロールできるのは自分だけだからです。「監督から評価される」という表現は適切ではありません。なぜなら、評価を決めるのは監督なので、この表現だと自分の意志で行動をコントロールできないからです。

主体的な表現にするために、目標の主語は「監督が」のような他者ではなく、「自分が」にするといいでしょう。

③肯定表現にする

大切なのは「～～しないようにする」のような否定表現ではなく、「～～する」のような肯定表現にすることです。なぜなら表現の違いは、目標から受けるイメージやモチベーションに影響を与えるからです。「～～しないようにする」ではネガティブな影響を受けてしまいます。

④どのような方法や練習によって達成するのかを具体化する

ただ「自分は～～する」と言っても、どのようにして「～～するのか」という具体化されたものがなければ、絵に描いた餅で終わってしまいます。せっかく「～～する」と言い切ったのに、これでは目標ではなくただの願望になってしまうのです。そうならないためにも、達成できるためのより具体的な方法や練習を考え抜くことがとても大切になります。

⑤何のためにそれをするのかを明確にする

ここでのポイントは、何のためにそれをするのかを明確にすることです。目的が不明瞭であると途中でやっていることの意味がわからなくなったり、妥協が生まれたりします。目標を達成する目的や意味がはっきりしてくるとやる気が湧いてきます。

⑥それを達成した時に自分はどのように感じるのか

その目標を達成できた時、自分がどんなに感動したり喜んだり幸せを感じたりするのかを想像してより具体的にすることで、そうした感情を得たいという欲求が高まります。

【目標達成シート】

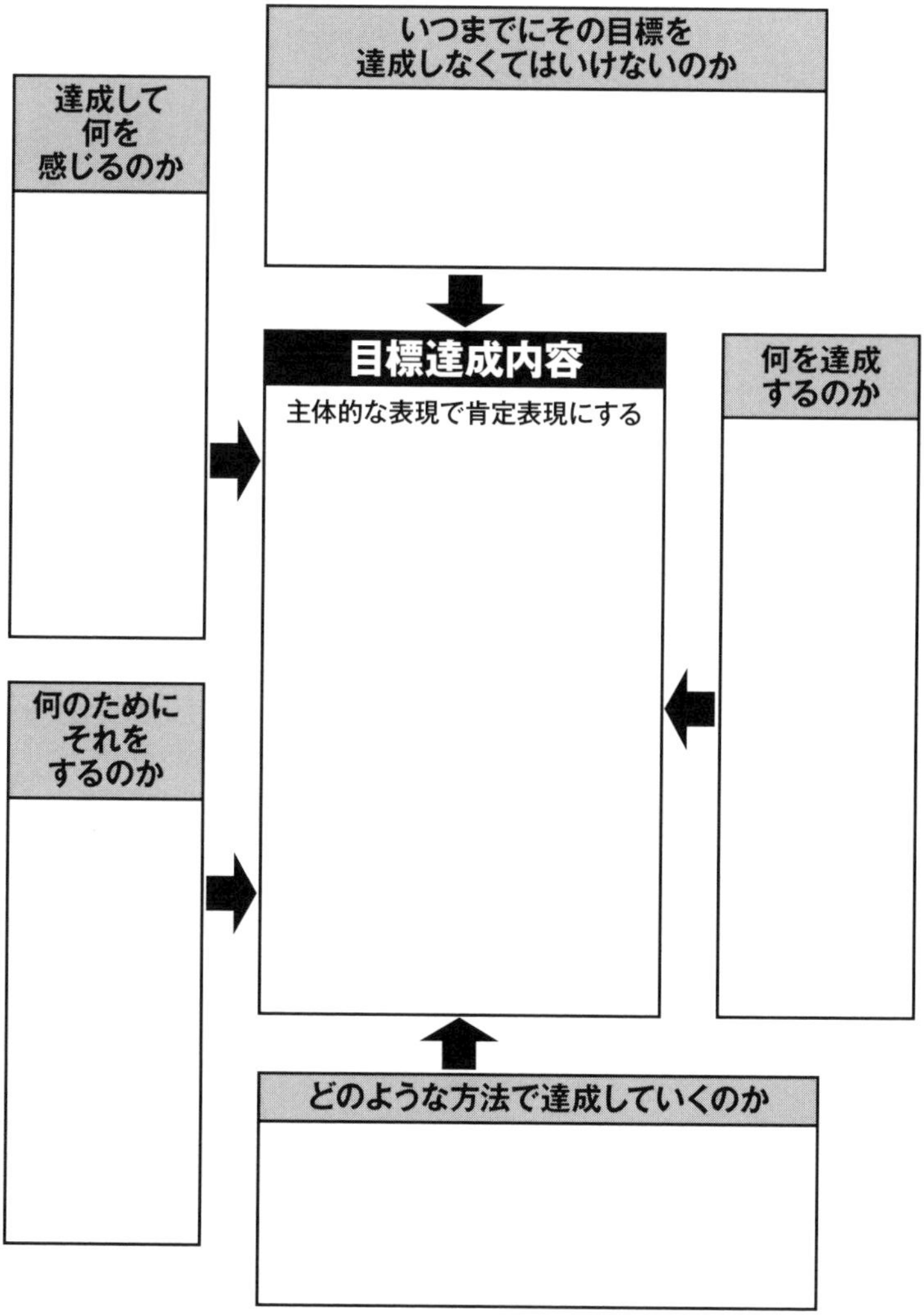
いつまでにその目標を
達成しなくてはいけないのか
達成して
何を
感じるのか
目標達成内容
主体的な表現で肯定表現にする
何を達成
するのか
何のために
それを
するのか
どのような方法で達成していくのか

ここまで【目標達成シート】に記入してきた目標を単に文章として頭に入れるよりも、五感によってイメージできるようにすることが大切になります。五感でリアルにイメージできると、目標を達成している状況がはっきりするとともに、それを実現したいという気持ちが湧いてくるからです。

できれば次に向けての日々の練習前に、そのイメージトレーニングをしてから練習に臨むとモチベーションも高く取り組んでいけます。

第5章

実力を発揮できる思考方法
プラス思考になるための
習慣をつける

(日常) 1

「でも」という接続詞を自分自身にたくさん用いる習慣をつけていこう!

まず皆さんに問題です。

①「今日は雨です。しかし、私は~~な気持ちです」

②「今日は雨です。だから、私は~~な気持ちです」

この文を読んで,皆さんは「~~」の部分にどのような言葉を思い浮かべるでしょうか。おそらく、①の文章には「さわやかな」や「晴れ晴れとした」といった言葉を思い浮かべたのではないでしょうか。②の文章には「うっとうしい」や「どんよりした」などを思い浮かべたかもしれません。

接続詞に「でも」を使うか、「だから」を使うかでまるで変わりますよね。実はスポーツ選手は「だから」を使う傾向が強いのです。試合では、様々なマイナスに見えるような状況にも直面します。そのような状況にあっても自分の持てる実力を発揮していくためには、この「でも」の接続詞を使っていくことが大切になるのです。

「今はピンチ。だから、まずい」なのか、「今はピンチ。でも、乗り切っていける」なのかでは違いますよね。

ネガティブな思考になると、どんどん自分が自分自身を否定的に追いつめてしまいます。ポジティブな思考になると、逆にこの現状を肯定的に何とかしていこうという前向きさが生まれます。実力を発揮していくためには、この前向きさが大切になるのです。

「自分は今ミスをしてしまった、でも、もう次にはミスしないぞ」「自分はまだレギュラーではない。でも、ここからしっかり練習してレギュラーになる」というように、接続詞の「でも」には事実を受け止めながらも、事実を逆説的に切り返していける力があります。

事実から目をそらして自分を誤魔化しても前には進めません。また、事実を受け止めて事実のままに流されてしまっても事実を変えてはいけません。言い訳は良くないと言われますが、言い訳をできるというのは自分の中で何とかこの状況を打開しようとしているということでもあるのです。

以前にあるパリーグのプロ野球の投手にメンタル指導をした際、「例えばフォアボールでランナーを出したりしたら、ああ、自分のミスでピンチを作っちゃったって感じてしまうんです」と言いました。そこで、この「でも」の接続詞を使う習慣を作っていこうと伝えました。「ピンチを作った。でも、次にダブルプレーを取れば同じだ」という具合です。

とにかく、頭の中でマイナスなことを考えていると気づいたら、考えの中に無理矢理でも「でも」と入れてみるのです。「でも」を入れることで、頭に「でも」に続けていく逆説的な内容を考えさせるのです。その投手は、最初の頃は「でも」の先の言葉がすぐに浮かばず沈黙していたりしましたが、繰り返すことでポンポン切り返しができるようになっていきました。

彼は確かに制球力にやや難があり、コーチからも「そのコントロールの甘さがなぁ……」とよく指摘を受けていました。それを本人も気にしていたようでした。しかし、ある日その投手が「自分はコントロールに難があります。でも、自分には誰にも負けないストレートの速さと球威があります」と自らが口にしました。

さらには、「今まではフォアボールを出すことを怖がっていました。でも、ここからは自分の持ち味のストレートを生かしていきます」と話してくれたのです。

そこからは人が変わったかのようにマウンドでも堂々として、持ち味のストレートを生かしてその年に9勝を挙げてくれました。

このように「でも」を効果的に活用すれば、状況を切り返していく一つのきっかけにしていけるでしょう。それに加えて慣れてきたら、「なぜなら」という接続詞も加えていけるといいでしょう。

「自分はピンチだ。でも、乗り切っていける。なぜなら、自分にはこうしたピンチを何度も乗り切ってきた経験があるから」という具合に切り返しの考えに対して、自分が自分自身にさらに説得力を持たせていくことができるからです。

（日常）2

常にできる理由を探していく習慣をつけていこう！

例えば強豪チームに勝てないと決めつければ、勝てない理由はいくらでも見つかります。部員数が少ない。実力の高い選手がいない。十分な練習場所もない。練習時間がたくさん取れない……。挙げればいくらでも出てくることでしょう。

しかし、強豪チームに勝てると決めつければ、勝てる理由も見つかっていきます。部員数が少ないので、こちらのほうがチームのまとまりがある。実力の高い選手がいない分だけ、試合をすれば向こうはこちらには負けられないというプレッシャーが大きい。練習場所がない分だけ、こちらには工夫をしてきた知恵がある。練習時間が短い分だけ効率的に練習をしてきた……。

要は同じ内容であっても、勝てると最初に考えるか、負けると考えるかで、どちらの理由にもなり得るということなのです。

決めつけとその理由探しという点では、こんなエピソードがありました。横浜ベイスターズの春季キャンプでの出来事です。当時、ショートを守っていた今は巨人の野手総合コーチをしている石井琢朗さんのエピソードです。

石井さんが自主練習の時、キャッチャーからのセカンド送球をベースに入ってキャッチする練習をしようとしていました。ところが、捕手が全員練習を上がっていたのです。普通はここで「今は捕手がいないからその練習はできない」と考えますが、彼は「いなくても工夫すればできますよ！」とホームベースに自動式のピッチングマシンを置いて練習を始めたのです。

これもまた、できないと決めつければ、できない理由は見つかります。しかし、逆にできると決めつければ、できる理由も見つかるということです。日頃から、何事に対しても「できない」と決めつけるのか、「できる」と決めつけるのかの習慣の違いで、試合で自分の実力を発揮していく時にも大きな違いが出てくるのです。

その当時の横浜ベイスターズは、よい意味でこの決めつけを活用しました。打線においてはマシンガン打線と呼び、基本的には味方打線には「打てるもの」「打線は繋がるもの」という決めつけを刷り込んでいました。そして投手は、絶対的なストッパー佐々木主浩投手が出てきたら、相手チームには「打てないもの」という決めつけを刷り込み、日本一を達成できたのです。

このように自分自身の心の中の決めつけ一つで選手は存分に実力を発揮できもするし、反対にまるで発揮できずに終わることもあるのです。「自分は素晴らしい選手なんだ」と決めつければ、自分の素晴らしい理由を探し、その理由を練習でさらに磨いて自信を深めていけます。「自分はダメな選手なんだ」と決めつければ、自分のダメな理由ばかり見つけてどんどん自信を失っていくでしょう。

皆さんも自分自身に対しても、置かれた状況や対戦相手に対してもプラスの決めつけをしていけるとよいと思います。ただし、単に決めつけだけして終わりではいけません。その決めつけに対する理由探しを十分に行うことを忘れないでください。理由があるからこそ、この決めつけが願望ではなく現実であると受け入れられるのです。

人類の進化の歴史は、もしかすると決めつけの歴史かもしれないという話を私はよくします。空を飛べないものと決めつけていた時には飛べない理由を見つけ、飛べない自分達を肯定していたのかもしれません。しかし、一人の人間が空は飛べると決めつけることで、その人間は飛べる理由や飛ぶ方法を本気で考えて飛行機を作り上げたのです。

その意味では本気で決めつけていくというのは、自分が自分自身を、そして自分がやろうとすることを強く信じる力とも言えるのではないでしょうか。

3（準備期間）

弱気は最大の敵。しかし、強気も最大の敵であることをしっかり理解する

「弱気は最大の敵」という言葉を皆さんも耳にしたことがあるでしょう。そこで、その反対に「強気は最大の味方」と考えてしまってはいないでしょうか。

弱気になると力の抜けたプレーになります。野球ではこれを「球が抜ける」「指にボールがかからない」と表現します。するとボールは高めに力なく抜けていきます。

では、強気はいいのかというと、今度は力が入り過ぎて力みのあるプレーになります。これを「ボールを引っかける」とか、「指にかかりすぎる」と表現するのです。すると力任せに叩きつけるようなワンバウンド気味のようなボールになります。

恐らく皆さんは試合中に弱気になってプレーしていて力が入らない実感があり、「こんな弱気じゃいけない。強気でいかないと！」と考え、強気に振って今度は力み過ぎて力が入りすぎたプレーになり「ああ、ダメだ……」という具合に弱気と強気を繰り返しているのではないかと思います。

よく「平常心でいこう」という言葉を使いますが、その言葉通り平常心が一番力を発揮できるのです。しかし、この平常心の言葉は「心」という字が入っているので少しわかりにくいですが、よりわかりやすく言うと平常感情といったほうがいいかもしれません。

弱気と強気の捉え方なのですが、思考と感情とを分けて考えてみるとわかりやすいと思います。冒頭の話は感情面での話になります。感情の変化は身体にそしてプレーに大きな影響を与えます。

しかし、戦術や駆け引きといった思考的な部分においては、強気も弱気もどちらも最大の味方にもしていけるのです。弱気があるから慎重にも考えられます。強気があるから大胆にも考えられるのです。

車の運転と似ていますが、試合というのは様々な道や状況があります。大胆さがアクセルで、慎重さがブレーキだとします。事故のない運転をしようと思えば、アクセルもブレーキも適切に使う必要があります。

カーブのような道でアクセル全開というわけにはいかないので、ブレーキも必要です。赤信号では完全にブレーキを踏まなくてはいけないし、真っ直ぐな空いた道ではアクセルだけでいいという具合に、試合の中では状況によってどちらも重要になるのです。

問題なのは思考と感情が同一化されてしてしまい、思考が慎重になると弱気の感情に、思考が大胆になると強気の感情になることなのです。わかりやすく言うなら、「思考は試合の状況に合わせて時に強気に、時に弱気に冷静に判断をして運転戦略を練り、感情は常に平常運転」というのが一番自分の実力を発揮していくのに効果的だと思います。

試合が近づいてきた準備期間には、練習などでもこうしたことを理解して心の準備をしていくことが大切になってきます。頭の思考に感情が左右されないように気をつけていくのです。思考はあくまでも理性的に冷静に、感情はある意味で平坦に保てるようにしておくと良いでしょう。その思考と感情の切り離しを意識してもらいたいと思います。

そして、練習などでも自分の感情を抑えて平坦に保っていく訓練も大切になります。よく選手達には次のような話をします。

「なぜ、ピッチングマシンは常に設定したところに安定したボールがいくのか。それはマシンには感情がないからだよ。しかし、マシンは打ちやすいよな。なぜだと思う？　それはマシンには考える思考力がないから駆け引きも戦略もないからだよね。マシンと人間のいいとこ取りしようよ」と。

たとえ皆さんがどんなに凄い実力を持っていても、それを出し切れなければそれは単なる宝の持ち腐れになってしまいます。それは誰よりも自分自身が一番残念に感じるはずです。それでは、何のためにここまで練習してきたのかわからなくなります。皆さんには本番で自分の持てる実力をすべて発揮してもらいたいと思います。

4（準備期間）できた自分のイメージを最初にリアルに作り、そこから逆算して論理的にどうすればそのイメージに近づいていけるのかを考える

今からお話しするのは、組織論で使われるトップダウンとボトムアップとは意味が異なります。そこを理解して読み進めてください。

ここからお話をするのは二つの思考方法です。それが「トップダウン思考」と「ボトムアップ思考」です。

「ボトムアップ思考」とは、今の自分の実力を踏まえた上で、本番までの残りの日数でどのような戦い方ができるという考え方です。

対して「トップダウン思考」とは、まずは本番でこんな戦い方をしたいというイメージを自由に描きます。残りの日数で自分の実力を限りなくそのイメージに近づけていこうという考え方です。

準備期間には、この「トップダウン思考」をしながら練習するほうがいいのです。選手に限らず人間というのは、自分の能力の60～70％の辺りで無意識に心理的な限界を設定してしまい、自分ではそれが自身の能力の100％だと錯覚しているのです。

変な例えですが、「もう限界だ。これ以上は一歩も走れない」と倒れこんだランナーがいたとします。しかし、そこに大きな犬が吠えながら襲ってくると、サッと立ち上り全速力で走って逃げるはずです。自分の認識している能力の限界とはそんなものなのです。

つまり、「ボトムアップ思考」で考えると、自分が認識している60～70％の能力や実力をベースにどんな戦い方ができるかを考えるわけです。試合ではその実力すら発揮できずに終わるでしょう。それに対して「トップダウン思考」で考えると、「こんな戦い方をしたいけど、今の自分の認識している能力や実力ではできないからどうしようか……」となります。そこで何とかしようとする姿勢が生まれ、自分が設定している心理的な限界を打ち破っていけるのです。

試合で自分の実力を発揮していくためには、自分の心理的な限界を超えた実力を発揮する感覚を練習の中で何度も体験し、その感覚を覚えることが大切なのです。

サッカーの日本代表を長年務めファンタジスタと称された中村俊輔選手が、練習中にチームメイトの誰も追いつかないような場所に何度もパスを出していました。一見するとパスミスの連続に見えます。しかし、中村選手はこのように説明してくれました。

「今の自分が想像できる以上のプレーを常にしたいと考えています。自分がそんなプレーをしようとしていると、他の選手もそれに合わせて自分が考えている以上の力を出してくれるものなんです。見ていてください。もう少しあそこにパスを出していたら追いついてくる選手が出てきますから」と。

すると、最初は誰も追いつけなかったパスに対応できる選手が出てきたのです。他の選手達は、最初の頃は自分達自身の認識している走力で追いつくところにパスが来るものと思っていたのです。しかし、追いつかないところにパスが来ます。中村選手が何かクリエイティブなサッカーをしようとしていると思い、それに付いていこうとする過程で次第に心理的な限界を打ち破っていけたのです。

皆さんも試合の直前には自分の本当の実力を出し切る感覚や出し切ろうとする気持ちを

しっかりと感じるようにしてもらいたいと思います。そのためには、今の自分の実力だと思っていることに縛られないことが大切です。

今の自分の実力でできることを考える「ボトムアップ思考」ではなく、自分がやりたいことに実力を近づけていくような「トップダウン思考」を大切にして練習に取り組んでもらいたいと思います。それをしておくと、その感覚がクセづいて試合の時にもその感覚によって実力を発揮していきやすくなるのです。

皆さんも自分が認識している自分の実力をどんどん打ち破っていきましょう。

5（本番）様々な角度から状況を見てどんな状況でも自分のほうが有利と考えていける習慣をつけていこう！

皆さんがシューズメーカーの営業マンだったとします。営業マンは靴をどんどん売るのが仕事です。しかし、ジャングルで誰一人として靴なんてはいている人がいない未開の地に派遣されました。皆さんはどう考えるでしょうか？

A「最悪だ……。こんなところでは誰も靴なんてはいてないんだから、一足も売れないよ」と考えるのか、B「最高！　誰もまだ靴をはいてないなんて！　靴を知らないだけで靴の良さを伝えてわかってもらえば、完全に独占市場でいくらでも売れる！」と考えるのか、どちらでしょうか。

AとBは置かれている状況は同じです。しかし、自分自身の考え方一つでピンチにもなれば、チャンスにもなるのです。そうしていくためには、一つの状況を様々な観点や角度から見てみることが大切になります。相手の立場になって考えてみたり、その不利に見えるものを逆に有利に活用できないかという発想を持つようにする姿勢こそが、試合の時にもとても役立っていくのです。

日本代表のラグビーの選手のメンタルトレーニングの際、シンビン（一時退場の場合、選手はフィールド外で10分間待機する）の状況について一緒に考えたことがありました。場合によっては、2人くらい時間差でシンビンを受けるようなこともあります。すると、試合は相手15人、こちらは13人という数的に不利に思える状況になってしまいます。

その選手は、「そうなると明らかにこちらは不利になりますよ」と口にしたので、「それじゃあ、一般のファンと同じ発想だよね。グランドにいる君がそう考えてしまうとピンチになるから、チャンスになることを探してみてよ」と伝えました。

すると、次のような考えが出てきました。「相手は数的に有利だと無意識のうちに油断が生まれて隙ができやすい。こちら側はその隙がチャンスになる」「こちら側としては相手側が数の有利さを活かした戦術でくるだろうと予測をしやすくなる」「相手は数的に有利な時間帯で何とかトライを奪いたいと焦りの気持ちが生まれるので、ミスが生まれやすくなる」などです。

このように考えてみると、一見するとピンチに思えるような状況でも、その状況をプラスに活用していけば逆にチャンスにもなるのです。

皆さんもそうだと思いますが、目の前の状況を反射的に有利、不利と決めてしまっていませんか。そこで一呼吸入れて「本当にそうなのか？　少し違う見方をしてみよう」と考える時間を持つことはとても大切なのです。

ピンチと捉えるよりもチャンスと捉えられたほうが、自分の実力も発揮しやすくなります。ピンチに見えていたものが、違う見方を考えることで急にチャンスに見えた時にはそこに光が射してきたように思えます。

また、ピンチをチャンスに変えた考えが、そのまま今の自分がやるべき戦略やプレーになります。だから、やるべきことが絞られて集中していきやすくなるのです。ピンチだと思っていると焦ってしまい、あれもこれもと頭の中が混乱してしまうものです。

このような考え方を試合の中で常にできるようになれば、試合中のすべての状況がチャンスになるかもしれません。この考え方は今流行りの謎解きにも近いかもしれません。謎解きはそれこそあらゆる角度や観点から考えますよね。そのくらいの楽しい気持ちで考えてみるといいのではないでしょうか。

試合で実力を発揮していくためには、実力を発揮しやすい状況に自分が持っていったり、発揮しやすい心の状態にしていったりすることがとても重要です。目の前の状況やその時の自分の心の状態が絶対とは限らないのです。そこに常に疑問を投げかけて違う見え方に変えていける選手を目指していってもらいたいと思います。

6 （本番）

相手に自分を合わせるのではなく、相手を自分に合わせさせる自分のリズムを習慣にしていこう！

皆さんはオリンピックの水泳競技は、どこからその戦いが始まっていると思いますか？実は控え室からすでに戦いは始まっているのです。

人が複数集まると、必ずその集団をリードする側とされる側に分かれます。皆さんもそうだと思いますが、みんなで集まって遊んでいたとします。そろそろ誰かが「帰るか！」と言うと、「じゃあ、帰ろうか」というふうになります。この「帰ろうか」と提案した人がリードする側となり、残りの皆はリードされる側になるのです。

控え室からプールに向かう際も、誰かが先頭に立てば後の選手はそれに続くしかなくなります。心の状態や準備が万全でない中で誰かにペースを握られてペースを作られてしまうと、何かフワフワ、オドオドした感じのまま試合に臨んでいくことになってしまいます。それでは、自分の実力を発揮していくどころではありません。

空気を読めることは大切ですが、試合に臨む場合は空気を読んで空気を壊し、空気を作り出してリードしていける側がペースを握っていけるのです。

あるオリンピック水泳の金メダリストの選手が、「僕は金メダリストの立場なので存在的にもリードしやすくもあります。怖いと思う選手は、相手の競技力とか関係なく、まったく空気を読めずに自分のマイペースで常にいる選手です。そんな選手には気づかないうちに向こうのペースに巻き込まれていますから。気をつけないと金メダリストの自分が自分のペースでいけなかったりするんです」と話してくれたことがありました。

空気ばかり読んで人に合わせていては、いつも人に振り回される結果になってしまいます。そうすると自分の気持ちは掻き乱されてしまい、不安定なままプレーしてしまうことになるのです。

これは元サッカー日本代表の中澤佑二さんと話した際に出てきた言葉です。

「サッカーって、ボールを持っているほうがリードしているように見えますよね。そうなると僕なんかディフェンダーなので、常に相手に合わせることになります。大切なのは受け身にならずに自分から仕掛けていきリードしていくデフェンスなんです。そのためには、常に相手よりも先に心の準備をしておくことが大切」

スポーツは人と人との競い合いであり、心と心の競い合いでもあるのです。

「相手よりも自分が日頃から何をやるにしても素早く決断したりして、心の準備を早く終わらせるクセをつけています。のんびり構えていると相手から動かれてしまいますから」と冒頭の水泳の金メダリストは話します。相手をリードする側に立つためには、こうした日頃からの意識行動も大切になっていきます。

皆さんもそうだと思いますが、スポーツに限らず何かをしようという時に、誰かに自分のペースやリズムを崩されてしまうと立て直すのが難しくなった経験はあるのではないでしょうか。そうすると、なかなか自分の思い通りに行動することが難しくなります。何となく引きずられているような感覚や、自分が相手の中に組み込まれているような感覚になったりしてしまいます。

そうなると、もはや自分の思い通りに実力を発揮していくのが困難になります。ですから、日頃からしっかりと意識してリードする側になる習慣を身につけてもらいたいと思います。そうすれば、試合の時にも自分が常に相手をリードして自分の思い通りに進んでいると感じられるようになります。実力を発揮していきやすくなるのです。

特に日頃から誰かのペースに流されたり、誰かに依存して自分をあまり主張しないような人は気をつけていくようにしてください。

7 （本番後）

言い訳はダメと言われるが、上手に言い訳を活用していくことを習慣にしていこう！

オリンピックの野球日本代表チームで主将も務めた元ヤクルトスワローズの宮本慎也さんが、このように話してくれました。

「オリンピックは国際試合なのでプレッシャーも大きかったんです。でも、三振はしたんですが、その中のファァールを打ったスイングがものすごくしっくりきたというか、自分らしいスイングができていると感じられたんですね。あっ！　大丈夫だ！　と感じられたんです。それから自信を持って打席に立てたんです」

皆さんの中には、「どうしてファァールに三振までしているのに自信を持てるんだ」と不思議に思う人もいるのではないかと思います。恐らく皆さんの頭の中には、自分の実力を発揮する＝自分が望む最高の結果を手にする、という考え方があるのではないかと思います。

しかし、必ずしもそのイコールの関係が成り立つということはありません。スポーツは対戦相手やミスや運などにも左右されるものです。自分の実力を発揮したとしても、必ずしも望む最高の結果を得られるとは限らないということを理解しておくことが大切です。

対戦相手のレベルが高くなればなるほど、自分の実力を発揮する＝自分が望む最高の結果を手にするというイコールの関係が生まれる確率は低くなます。相手のレベルが低くなればなるほど、その確率は高くなるのです。これは相手のレベルによってこのイコール関係が実現しない例になります。

また、野球を例にすると、たとえ最高のスイングをしてもファァールになることもあります。自分が納得するスイングをできなくても偶然に飛んだ場所がよく、ヒットになることもあります。これはそのイコール関係がちょっとしたミスや運によって実現しない例になります。

試合中はもちろんですが、試合後には改めて冷静に自分の一つ一つのプレーに対して結果を見るのではなく、そこまでのプレーの過程の中で自分の実力をしっかりと発揮していたかどうかを振り返ることが大切です。もし、自分でそれを判断できない場合は、試合を撮影したビデオを見たり、チームメイトに意見を求めたりして客観的に振り返るといいと思います。

結果ばかり見て、自分は実力を発揮できなかったと考えていると次第に自信を失っていき、本当に自分の実力を発揮できなくなっていく危険性があります。冒頭の宮本さんは、こんな話もしてくれました。

「プロ野球はある意味で、実力は投手も打者も互角だと思うんですね。互角の対戦の中で残せる打率は良くても3割ですよね。凡打した7割の捉え方が大切です。7割自分はダメなんだと考えるのか、その中でも例えば4割分はしっかりと自分のスイングをできたと考えるのかで、自分の中の打席でのイメージが変わっていくんですよね」

実力を発揮できた時はできたと自分が認めていかなければ、自分は実力を発揮できない選手なんだというセルフイメージが固まっていきます。やはり、自分は実力を発揮していける選手なんだというセルフイメージのほうが試合でも力を発揮していけるのです。

試合後はまだ自分の中に手応えが残っていますから、しっかりと判断していくことが大切です。試合での結果の出なかったプレーの結果の大半はグレーゾーンだと思ってください。それらのプレーに対しての実力を発揮できたのか、できなかったのかの仕分け作業は、今後の選手生活においてもとても重要になってくるのです。

8（本番後）

一つ一つのプレーを難しく複雑に考えすぎてプレーしていなかったかを試合後に振り返るようにする

オリンピックの短距離走の選手にこんな冗談を言ったことがあります。

「もし、一切の情報が遮断されてどこか海外の陸上競技場に連れてこられ、観客席に幕が引かれていたとする。隣には知らない外国人達がいて一緒に走ることになったら、きっと君は何も考えずにいつものように普通に全力で走るよね。後でそれがオリンピックだったんだと知らされるのってどう？」と聞いてみました。

すると、その選手が「それは凄く気持ちが楽ですね。でもオリンピックって本質的にはそんなものだし、やることは走るだけですもんね。オリンピックを自分の中で特別視して、特別な走りをしなくてはと思ってしまってました」と答えてくれました。

冗談でその選手には伝えましたが、その選手は瞬間的に冗談の意図をつかんでくれたのです。皆さんに試合後に振り返ってもらいたいのは、試合中に自分のプレーの一つ一つを自分が難しく複雑にしすぎていなかったかということです。

「このプレーは〜〜のように身体を動かして」とか、「このような状況では〜〜のようにプレーしなくては」「ここは大事な場面だから」などとあれこれ考えることで、そのワンプレーをとても困難なものに仕立ててあげてはいないでしょうか。

極論のように感じるかもしれませんが、短距離の陸上選手なら１００メートル先まで走ればいいのです。野球の投手なら投げればいいだけのことなのです。それを試合になると相手がどうだ、状況がどうだ、身体の使い方がどうだ、結果はどうなるだろうとか次々に要素を盛り込んで複雑で難しいものにしているのです。そうするとプレーに悩んだり怖さや不安を覚えたりして、なかなか自分の実力を発揮していくことが難しくなっていきます。

もちろん、要素の中には判断してプレーする上で必要なものもあります。しかし、案外不必要なものを自分の中に抱え込んでしまっていることも多いのです。そう考えてみると、難しくしているのは自分自身です。そうであるなら、逆に自分がプレーをシンプルに考えていけばいいのです。

難しく考え過ぎてプレーしていると、瞬間的に身体は素直に反応してくれないものです。さらに難しく考え過ぎてしまうと、身体の動きはバラバラになってしまいます。あれこれと悩んだり、考えるのは練習の時でいいのです。試合は練習でやってきたことを素直に表現していけばいいだけのことなのです。

試合の場に立てば、シンプルにプレーしていけばいいのです。それを難しくしているのは他でもない自分自身なのです。考えなくてはならない練習の場であまり考えずにいて、考えても仕方ない試合の場であれこれ複雑に考えていったら、迷路に迷い込んだままプレーをしなくてはならなくなってしまいます。

試合で実力を発揮していくためには、考え抜いてきた練習を信じて、できるだけ無駄な要素を排除してシンプルにプレーしてみることが大切になります。ですから、試合後に一つ一つのプレーを振り返って、自分は何をどのように考えながらプレーしたのかを思い出してみましょう。そして、考えたことは本当に必要な要素だったのか、それとも考えなくても良い不必要なものだったのかを吟味してみるようにしましょう。

試合で実力を出し切れない選手の特徴として、試合の時に普段のプレーとはまったく違うことを努力していることが挙げられます。言ってみれば、試合用のよそ行きのプレーをしているのです。そのよそ行きのプレーを何とかしようと努力してしまうとプレー能力が低下してミス連発の状態になってしまいます。

しかし、意識的に努力してそれに取り組んでいるということは、裏を返せば意識してその見当違いな努力をやめればいいだけのことなのです。

9 （次に向けて）目の前の試合がどうこうではなく、常にプロを相手に対戦するとしたら、今の自分がどうしていけばいいのかを考えていける習慣をつけていこう！

メンタルトレーニングの指導を行っている大学相撲部出身の大相撲の力士がいます。彼がこんな話をしてくれました。

「僕は大学の相撲部に入部した時は大して期待されるような選手ではなかったんですよ。でも、自分では勝手に大相撲の力士になるんだと考えて、大学の数々のライバルは視野に入れていなかったのです。いつも頭の中では横綱にどうやったら勝てるかばかりを考えていました。

だから、稽古の時にも相手に横綱の動きを真似てもらって自分がどう対応するか工夫したり、横綱の体重を意識して部員二人にくっついてもらって二人分を押すような稽古をしていました。周りからはお前は変なヤツだなと笑われてましたけど」

このように日頃から、自分がどこを見て練習に励んでいるかはとても重要えす。実力が同じレベル、あるいは低いレベルの相手と戦い通用するから、こんなプレーで大丈夫！と満足しているのか、かなり実力が上の相手を意識して日頃から練習しているのか、皆さんはどちらでしょうか？　それによって、そこそこのレベルで通用する選手か上のレベルで通用する選手かが決まってきます。

例えば野球で言えば、130キロを打てるフォームと、160キロの速球を打てるフォームは当然変わってくるはずです。要はどこを焦点に置いて自分のプレーのフォームを作り上げていくかなのです。

「今までは……、いつもは……、この打ち方で通用したのに……」その考え方では相手が上のレベルになると通用しなくなります。そこで気づいて自分を生まれ変わらせられるか、通用しない現実を突きつけられても変われないのか。そこに壁があるように感じるのです。

この日頃からの姿勢が、次に向けて試合の時に実力を発揮できるか、できないかが決まってくるのです。もちろん、実力に差がついていくのはもちろんですが、同レベルくらいで満足していると次第に心の中に守りの心理が育っていきます。それに対して、高いレベルに通用しようと挑戦を重ねていると攻めの心理が育っていくのです。

試合になった時に守りの心理が強いと、実力を発揮しようとしてもそこそこ戦えていることに満足して実力を出すことに無意識のうちにブレーキがかかってしまいます。攻めの心理が強い選手はどこまでも挑戦しようとするので、実力を出すことにアクセルが働くのです。

例えば短距離走で同じ人が走ったとしても、ゴールラインを目指すのか、ゴールラインのかなり先を目指すのかで、タイムが変わりますよね。守りの心理でゴールラインを目指していたのでは、ラインが見えてきたらその手前辺りで少しスピードが落ちます。攻めの心理でゴールラインの先を目指すとゴールラインを通過している時もスピードが落ちることなく走り抜けられるのです。これでわかるように、何となく「まっ！　ここら辺でいっか！」と頭で考えた瞬間に実力を出し切るのにブレーキがかかってセーブされてしまうのです。

また、短距離走で同じ人が走ったとしても、一緒に並走する人のタイムが遅い場合と速い場合とでは、並走する人のタイムが速いほうが自分のタイムも速くなりますよね。速い並走者に何とか追いつこうという攻めの心理が自分の実力を発揮せてくれるのです。並走者が遅いと相手と差をつけた地点で、これまた無意識のうちに「まっ！　いっか！」となってしまうのです。

いずれにせよ、日頃からのこうした心の状態は繰り返されることで習慣化してしまいます。その習慣化したものは、無意識のうちに試合の本番でも出てきてしまうものなのです。ですから、日頃の練習の時から中途半端に満足せずに高みを目指し、常に自分の実力を出し切っていく心の状態を自らが育てていくことが大切になります。

（次に向けて）10 アピールしようとすることをやめることで、自分の実力を発揮できる

これまでプロ野球の3球団でメンタルコーチをしてきました。共通してよく見られた光景は二軍から一軍に招集された多くの選手が、せっかく巡ってきたチャンスだから首脳陣に必死にアピールしていかなければという気持ちが強くなり、逆に結果を残せず数試合で

また二軍に降格という光景です。

彼らはアピールすることが良いことだと教わってきているので、一度はその経験をしてみないと実感がもてません。だから、結果を残せず降格した後にアピールすることの弊害を指導していくのです。

実際、「小さな頃から練習で、試合でしっかりアピールしてチャンスを掴みとれ！　と言われてきたので、それが正しいんだと思い込んでいました」といった反応をする選手がほとんどでした。

過剰にアピールしようとしてしまうと、変に力んでしまったり、力を出し切るプレーではなく無茶なプレーをしてミスを大きくしてしまったりしてしまいます。大袈裟に言えば、自分の実力以上のことをしようとしてしまうのです。

また、アピールをしようとすることは、虚栄心が大きくなってしまっているということです。チームメイトや指導者に上手いプレーを見せたい、結果を残す自分を見せたいとなり、無意識のうちに自分でどんどんハードルを高くしている。そして、自分が設定したハードルの高さに自分が怖れてしまうということにもなってしまいます。

そうなると自分のプレーには不安がつきまとってくるのです。大きなものを見せようとして逆に萎縮して小さなものになってしまうこともあるのです。

選手達には、アピールはあくまで結果的な話だと説明します。そこでやるべきことは、今の自分の実力を自然体でありのままに出すことだけです。その出し切ったプレーが結果として指導者の目に留まれば、それがアピールになっているというだけのことなのです。「アピールするためのプレーか、自然体でのプレーが結果としてアピールになっていたのか」という違いですが、この違いはとても大きいのです。

アピールしなくては！　という思いが強すぎて空回りしてはいけません。アピールは「自分を凄く良く見てくれ！」という過剰に高く評価してもらいたいという欲です。それが強くなると等身大以上のことを見せたくなってしまうのです。

アピールしようとすると、結果しか見えなくなります。結果ばかり気にしてしまうと、今自分がやるべきことへの意識が薄れてしまいます。あくまで今自分がやるべき過程があるからこそ、何らかの結果が出るだけのことです。今自分がやれることは、過程をしっかりと踏むこと以外にはないのです。

結果ばかり気にして、やるべき過程をしっかりとやれずに終わったり、不安や力みに潰されてしまったら、まさしく本末転倒です。そうなると、完全に自分自身を見失ってしまいます。実力は日頃から高めておくものであって、その時だけ自分以上のものを出そうとしても無理なのです。

これから先を見据え、日頃の練習の時からアピールしようとしない習慣を身につけていってもらいたいと思います。そのためには、日頃の練習からちょっとした心の余裕を大切にしてもらいたいのです。アピールしようとすると、誰もが必死になってプレーしてしまいます。

しかし、必死には余裕を感じませんよね。必死という言葉には苦しさや辛さがつきまといます。追い詰められた緊張感や、何とかしなくてはという気持ちの空回りや固さも生まれます。当然、視野も発想も狭くなってしまうのです。そこには余裕というものが何もなくなってしまいます。そういう時はミスプレーが生まれやすいものなのです。

手を抜けという話ではありません。気持ちの余裕だけは持ちながら、プレーには全力を注いでいってもらいたいと思います。少しだけ練習でのプレーに取り組む意識を変えるだけでも、今後自分が本番で実力を発揮していけるかどうかが変わっていくのです。

（応用）11

勉強や試験でも大いに活用できる！プラス思考になる習慣、実力発揮のための思考法

〈焦らず、解ける、できると自己暗示をかける〉

試験などでできない問題や難問に直面した時に気持ちが焦り、「ヤバイ……、わからない。解けないとマズイ」などと考えてしまいます。

そのような状況になると、思考も「できない」という方向になってしまいます。すると解こうとしていながらも、思考では解くのを諦めてしまうという現象が起こってしまうのです。

そのような時には、そのまま問題に突き進むのではなく、一度リセットしましょう。そして、問題から一度目を離して、「この問題は自分の力で解いていける」と何度か自己暗示を加えてください。つまり、思考を解けるという方向に誘導してから、再度その問題に向き合うようにしていきましょう。

〈無理せず、取れる問題を取りこぼさない〉

試験になると、ついつい出題された問題をすべてしっかりと正解にしなくてはいけないと考えている皆さんも多いと思います。しかし、スポーツ同様にミスすることもあれば、歯が立たない相手（問題）もあるはずです。

すべてを完璧にと考えてしまうからこそ、焦って余計にミスをしたり、歯が立たないプレーを強引にやってみたりしてしまいます。

大切なのは、無理をしすぎず、取れるところは取りこぼしのないようにという考え方です。簡単な問題こそ取りこぼしをしないようにすることです。

全問正解でないと合格できないわけではないのです。取れるところをしっかりと取っていくという考え方はスポーツでも勉強でも同様です。

〈試験も試合と同じ、目の前の問題を一つ一つ解くだけ〉

試験も試合も、始まる前に相手が自分以上に実力がありそうと感じ、萎縮してしまう人も多いのではないでしょうか。そんな時は、再度自分がやるべきことにしっかりと意識を向けてみましょう。

皆さんがやることは、相手がどうだとかは関係ないのです。目の前の一問一問を解くだけ。目のワンプレー、ワンプレーを積み上げていくことしかできないのです。相手は実は関係ないのです。相手より上回ろうとか考えるのではなく、ただ目の前の一つ一つに取り組んでいくだけです。

自分ではコントロールできない相手のことを考えるのではなく、自分がコントロールできる自分のやるべきことに意識を向けていくように考えましょう。

〈正しい解き方のクセを頭の中に作る〉

よく、「勉強ではできない問題に立ち向かう姿勢が大切だ」と言われます。確かにその姿勢は大切です。しかし、自己流、あるいは間違った解き方を何度も繰り返していると、頭の中に間違った解き方のクセのようなものができてしまいます。

スポーツでも同様です。間違ったフォームや身体の使い方を繰り返していると、どんどん変なクセがついて直すのが大変になます。それは大きな時間ロス、エネルギーロスになってしまいます。

そうならないためにも、これは一つの勉強法ではありますが、最初から模範解答を見て、その模範解答の解き方を繰り返し行うのもよいのではないかと思います。そのようにして正しい解き方のクセを頭の中に作っていくようにするのです。

〈スポーツ同様、できない原因の分析をする習慣を〉

例えば英語の長文読解などで、何度読んでも内容が頭に入ってこないということがあると思います。そこで多くの皆さんは、自分には英語の学力が足りないと感じたりするのではないでしょうか。

そもそも、その長文が論説文などだとしたら、それが日本語で書かれていたとしても頭にすんなりとは入ってこないかもしれません。

「できない」と自分が感じた時こそ、なぜできないのかをしっかりと分析してみることが大切です。英語が読めないのか、論説文が読めないのか、どちらなのだろう？　と分析することです。

そもそも、論説文が理解しづらいなら、それを読む訓練こそが大切になります。そこを飛ばしてどれだけ英語を勉強しても読めるようにはならないのです。学力を伸ばすためには、これもスポーツ同様に原因の分析をしていく習慣を作っていくようにしましょう。

おわりに

私がメンタルトレーニングに出会ったのは、30年ほど前の大学時代です。

ゼミ選びの時に会った担当の教授の優しそうな笑顔と、あらゆる場面で自分自身が力を思うように発揮できている感覚がなかったため、せっかくなら自分のこれからに役立つことを学んでみようという二つの理由から、「スポーツ心理学」という分野を専攻することにしました。

しかし、大学は基本的な学問を学ぶ場で、実践的なことは常に自分が探求して作り上げてきました。自分をまず実験台にし、そして仲間に試してもらい、さらに幅広い方々にと。

そういう意味でも30年前も今も変わらず、自分にとってのファースト実験台は自分自身なのです。つまり、自分のメンタルトレーナーは他ならない自分自身ということになります。

昔の私は、人前で発言するなどとんでもないというくらい緊張したり、弱気になっていました。教科書を立って読めと言われても顔が赤くなるような子どもでした。しかし、今では500人や1000人を前にしてもまったく動じることもなく、それどころかむしろ楽しくワクワクした気持ちで講演をしたりしています。そんな昔の自分を信じてもらえないくらいです。

私は野球をしていましたが、昔の自分はチャンスで打順が回ってくるのが嫌で仕方ありませんでした。また、ピンチの場面では自分のところに打球が飛んできてほしくないと思うような選手でした。

それが今では、どんな物事にもどんどん積極的になれ、チャンスは楽しみになり、ピンチすらチャンスのように転換できるようになっています。

今の私しか知らない人に昔の自分の話をすると、よく驚かれます。それは、実は自分が一番気づいていることでもあります。本当に今では何事にも動じることのない最強のメンタルを手にできたと感じています。

だからこそ、皆さんにも声を大にしてお伝えしたいのです。

人は自分が本気で変わりたいと思えば、絶対に変わることができます。

まさに自分がそうであったように。大事な場面でせっかくの実力を思う存分に発揮できなければ、人生を通して宝の持ち腐れになってしまいます。それでは、実力を身につけてきた多くの時間さえも無にしてしまうことにもなりかねません。

皆さんにはそんな自分から、一日も早く卒業してもらいたいと思います。

それは、今までの自分を否定することではありません。日々進化をしていく新たな自分に出会うためのとても前向きな肯定なのです。

楽しみながらワクワクした気持ちで取り組んでもらいたいと願っています。そのための一助に自分自身と本書がなれれば幸いです。

2021年7月

高畑好秀

【著者略歴】
高畑 好秀（たかはた・よしひで）
1968年、広島市生まれ。早稲田大学人間科学部スポーツ科学科卒業。卒業と同時にメンタルトレーナーとして活動を始める。プロ野球、Jリーグ、Vリーグ、大相撲などのプロアスリートやオリンピック選手達のメンタルトレーニング指導を行う。チームとしてはプロ野球では横浜ベイスターズ、広島カープ、千葉ロッテマリーンズ、JリーグではＦＣ東京、川崎フロンターレで指導を行ってきた。メンタルに関する著書は80冊を超える。雑誌、テレビやラジオなどでもメンタルの普及に務める。一般の企業や学校などでも多数の講演を行う。

折れない心をつくる最強メンタルトレーニング

2021年9月2日　初版発行

著　者　高畑好秀
発行人　杉原葉子
発行所　株式会社コスミック出版
〒154-0002　東京都世田谷区下馬 6-15-4
代表　TEL. 03-5432-7081
営業　TEL. 03-5432-7084
　　　FAX. 03-5432-7088
編集　TEL. 03-5432-7086
　　　FAX. 03-5432-7090
http://www.cosmicpub.com/
振替　00110-8-611382

ISBN978-4-7747-9236-1 C0075
印刷・製本　株式会社光邦